D1691234

Marlen Dannoritzer

„Mit betendem Herzen und helfender Hand"

Erster Weltkrieg im Fokus

herausgegeben von

Prof. Dr. Jürgen Müller

(Johann Wolfgang Goethe-Universität Frankfurt am Main)

Band 4

LIT

Marlen Dannoritzer

„Mit betendem Herzen und helfender Hand"

Die hessische Kleinstadt Windecken
im ersten Kriegsjahr 1914/15

LIT

Umschlagbild: Privatbesitz Eva Scheer, Luckenwalde

∞
Gedruckt auf alterungsbeständigem Werkdruckpapier entsprechend
ANSI Z3948   DIN ISO 9706

Bibliografische Information der Deutschen Nationalbibliothek
Die Deutsche Nationalbibliothek verzeichnet diese Publikation in der
Deutschen Nationalbibliografie; detaillierte bibliografische Daten sind
im Internet über http://dnb.dnb.de abrufbar.

ISBN 978-3-643-14583-3 (gb.)
ISBN 978-3-643-34583-7 (PDF)

© LIT VERLAG Dr. W. Hopf Berlin 2020
Verlagskontakt:
Fresnostr. 2   D-48159 Münster
Tel. +49 (0) 2 51-62 03 20
E-Mail: lit@lit-verlag.de   http://www.lit-verlag.de

Auslieferung:
Deutschland: LIT Verlag, Fresnostr. 2, D-48159 Münster
Tel. +49 (0) 2 51-620 32 22, E-Mail: vertrieb@lit-verlag.de
E-Books sind erhältlich unter www.litwebshop.de

Gedruckt mit Unterstützung des Main-Kinzig-Kreises, der Bürgerstiftung Nidderau, des Fördervereins Geschichtswissenschaften Historiae faveo an der Goethe-Universität Frankfurt am Main und der Heimatfreunde Windecken 1910 e. V.

Inhalt

Vorwort 9

Einleitung 11

Kapitel 1
Die Windecker Zeitung und ihr Gründer 15
1. Wilhelm Scheer 15
2. Der Aufbau der Windecker Zeitung 20
3. Kriegslyrik in der Windecker Zeitung 32
4. Illustrationen und Karikaturen.. 34
5. Anzeigen in der Windecker Zeitung 36

Kapitel 2
Windecken als Heimatfront.. 43
1. Die Stimmung bei Kriegsausbruch 43
2. „Kriegsregeln für die Zuhausebleibenden" 48
3. Die Entwicklung der Bevölkerung 49
4. Die Berichterstattung über den Kriegsverlauf 53
5. Feldpost – Kontakt zwischen Heimat und Front 60
6. Öffentliche Trauer 61
7. Vergnügungsveranstaltungen und Feiern im Krieg 62
8. Feindbilder, Gerüchte und Angst 68

Kapitel 3
Die wirtschaftlichen Folgen des Krieges in Windecken 79
1. Finanzielle Folgen für Geschäftsinhaber und Privatpersonen 79
2. Die Versorgungslage in Windecken 84
3. Kriegsgefangene in Windecken 96

Kapitel 4
Das Engagement der Vereine, Lehrer und Pfarrer 101
1. Die Frauenhilfe 101
2. Der Obstbauverein 108
3. Der Kriegerverein 109

4. Die Lehrer 110
5. Die Pfarrer 112

Nachwort 115

Quellen- und Literaturverzeichnis 117
1. Vorbemerkung 117
2. Quellen 117
3. Literatur 120

Vorwort

Die Geschichte des Ersten Weltkriegs ist im historischen Bewusstsein der Menschen in Deutschland viel weniger präsent als die Ereignisse des Zweiten Weltkriegs. Das hat sich erst seit einigen Jahren zu ändern begonnen, ausgelöst durch den hundertsten Jahrestag des Kriegsbeginns 1914. Seit 2014 haben sich unzählige Bücher, Ausstellungen und Filmdokumentationen diesem Ereignis zugewandt und ein Bild vermittelt, das für viele überraschend neue Einsichten und Erkenntnisse sorgte und weiterhin sorgt. Insbesondere sind die Erfahrungen, welche die Menschen während des Krieges an der sogenannten „Heimatfront" machten, näher untersucht und dargestellt worden, nachdem zuvor in erster Linie das militärische Geschehen an den Kriegsfronten im Mittelpunkt der Aufmerksamkeit gestanden hatte.

Mit dieser „Heimatfront" beschäftigt sich auch das vorliegende Buch, das aus einer Masterarbeit an der Johann Wolfgang Goethe-Universität in Frankfurt hervorgegangen ist. Marlen Dannoritzer hat erstmals eine umfassende Auswertung der Windecker Zeitung vorgenommen und rekonstruiert anhand dieser bislang kaum genutzten Quelle die Kriegserfahrungen der Windecker Bevölkerung während des ersten Kriegsjahres. Ihre Arbeit leistet einen wertvollen Beitrag zur Geschichte der Stadt und der umliegenden Region und bietet darüber hinaus eine exemplarische Darstellung der vielfältigen Probleme und Sorgen, mit der sich die Bewohnerinnen und Bewohner einer kleinstädtischen Landgemeinde im Krieg konfrontiert sahen. Und sie stellt uns mit Wilhelm Scheer den Eigentümer und Herausgeber der Windecker Zeitung vor, über den bislang kaum etwas bekannt war.

Die Drucklegung der Arbeit wurde ermöglicht durch Zuschüsse des Main-Kinzig-Kreises, der Bürgerstiftung Nidderau, des Fördervereins Geschichtswissenschaften Historiae faveo an der Goethe-Universität und der Heimatfreunde Windecken 1910 e. V. Der Heimat- und Geschichtsverein Ostheim leistete ebenfalls wertvolle Hilfe. Allen diesen Institutionen danken wir sehr herzlich für die gewährte Unterstützung.

Einigen Menschen sei persönlich gedankt für ihre Hilfe bei der Realisierung der Publikation: Herrn Dr. Manfred Feser und Frau Renate Feser (Flörsheim); Herrn Horst Körzinger von der Bürgerstiftung Nidderau; Frau Canan Kement, meiner studentischen Hilfskraft in Frankfurt, die bei den redaktionellen Arbeiten mithalf; Herrn Martin W. Richter vom LIT-Verlag für die Betreuung bei der Produktion des Buches.

Jürgen Müller

Einleitung

Der Erste Weltkrieg gilt noch heute als „Urkatastrophe" des 20. Jahrhunderts. Als solche sind die Ereignisse zwischen 1914 und 1918 bereits Gegenstand umfassender Untersuchungen geworden. Im Mittelpunkt der Forschung stand dabei meist die Fronterfahrung der Soldaten, während die Daheimgebliebenen lange vernachlässigt wurden. Für einige größere Städte wurden inzwischen Studien über die Kriegserfahrungen an der sogenannten „Heimatfront" vorgelegt, für kleinere Städte und Gemeinden sind derartige Untersuchungen hingegen noch selten. Die hessische Gemeinde Windecken[1], die seit dem 13. Jahrhundert im Besitz des Stadtrechts war, bietet sich für eine solche Mikrostudie an. Zur Zeit des Ersten Weltkriegs hatte der Ort weniger als 2000 Einwohner[2], dennoch erschien hier zwischen 1908 und 1915 zweimal wöchentlich die Windecker Zeitung. Die für eine derartig kleine Zielgruppe auch damals ungewöhnliche Herausgabe einer eigenen Lokalzeitung ermöglicht seltene Einblicke in das Gemeindeleben einer Kleinstadt zur Zeit des Ersten Weltkriegs.

Wie viele andere Quellen zum Kriegsalltag in ländlichen Gegenden ist auch die Windecker Zeitung bisher nicht umfassend analysiert worden. Das soll in der vorliegenden Arbeit geschehen, um auf dieser Grundlage das alltägliche Leben in Windecken während des ersten Jahres des Ersten Weltkrieges nachzuzeichnen. Im Fokus stehen dabei die Zivilbevölkerung und die Frage, inwieweit das Windecker Kriegserlebnis mit den Erfahrungen der Daheimgebliebenen im gesamten Deutschen Reich übereinstimmte und in welchen Punkten sich Windecken hervorhebt.

Durch das regelmäßige Erscheinen von zwei Ausgaben pro Woche bildet die Windecker Zeitung die Ereignisse des Krieges und der Heimatfront gut ab. Zudem spiegelt das Blatt zeitgenössische Ansichten und die Kriegspropaganda wider. Daher dient sie dieser Arbeit als Hauptquelle, die exemplarisch mit weiteren Tageszeitungen aus anderen deutschen Städten und Gemeinden abgeglichen wird.[3] Daneben werden weitere Publikationen zur Thematik der „Heimatfront" und speziell zu Windecken herangezogen. Dabei wird auch der Frage nachgegangen, ob die Erfahrungen der Windecker auf charakteristische Unterschiede im Erleben des Krieges durch Stadt- und Landbevölkerung schließen lassen. Zusätzlich wird darauf eingegangen, inwiefern die Existenz einer Lokalzeitung einen Einfluss auf die Geschehnisse an der Heimatfront hatte.

Im ersten Kapitel wird die Windecker Zeitung näher vorgestellt, wobei zunächst das Leben und der Werdegang des Gründers und Herausgebers Wilhelm Scheer

---

[1] Heute ist Windecken ein Stadtteil von Nidderau und zählt zum Main-Kinzig-Kreis.
[2] „Windecken, Main-Kinzig-Kreis", in: Historisches Ortslexikon, https://www.lagis-hessen.de/de/subjects/idrec/sn/ol/id/12426, Stand: 3.12.2019.
[3] Darunter unter anderem der Gießener Anzeiger, die Frankfurter Zeitung und Intelligenzblatt und der Hanauer Anzeiger.

geschildert werden. Des Weiteren wird die besondere Rolle der Windecker Zeitung in der damaligen Medienlandschaft gewürdigt und dargelegt, wie Scheer die Zeitung aufbaute und welche Veränderungen das Blatt durch den Kriegszustand erfuhr. Dabei wird insbesondere auf die Rolle der einzelnen „Ressorts" des Blattes eingegangen.

Das zweite Kapitel, „Windecken als Heimatfront", stellt die Ergebnisse der Quellenanalyse vor und bildet den Schwerpunkt der Arbeit. Ergänzend zur Windecker Zeitung wird hier auch die Pfarrchronik herangezogen, um der Frage nachzugehen, ob die Windecker ein sogenanntes „Augusterlebnis" hatten und wie die Stimmung der Gemeinde zu Kriegsbeginn war. Ferner wird untersucht, ob sich die Einstellung der Windecker zum Krieg innerhalb des ersten Jahres veränderte.

Der Krieg hatte erhebliche wirtschaftliche Auswirkungen an der Heimatfront. Diese werden im dritten Kapitel untersucht. Im Zentrum steht dabei die Versorgungslage, die während des Krieges zu einer alltäglichen Sorge der Menschen wurde. Daher wird diese Problematik umfassend untersucht, wobei auch danach gefragt wird, ob sich die Situation in Windecken mit der in anderen deutschen Städten deckte.

Auf regionaler Ebene waren die Windecker für ihr Engagement bekannt. Dieses soll im vierten Kapitel eingehend untersucht und dabei insbesondere dargelegt werden, wer sich beteiligte, welche Motive die Freiwilligen antrieben, wie sie sich organisierten. Zentral ist dabei die „Frauenhilfe". Darüber hinaus sollen aber auch das Engagement des Obstbauvereins und des Kriegervereins, der Lehrer sowie der Pfarrer betrachtet werden.

Der Begriff der „Heimatfront" wurde von der deutschen Propaganda schon zu Beginn des Ersten Weltkriegs geprägt.[4] Dass auf diese Weise die Heimat militarisiert wurde, begründet sich darin, dass auch die Daheimgebliebenen entscheidend für den Ausgang des Krieges sein konnten. Beiträge dazu leisteten sie nicht nur durch die Arbeit in der Kriegsindustrie, sondern auch durch die Bereitschaft zum Verzicht, durch materielle Opfer oder durch ihr Engagement etwa bei der Versorgung von verwundeten Soldaten.[5] In der Forschung zum Ersten Weltkrieg spielte diese „zweite Front" jedoch lange Zeit eine untergeordnete Rolle. Bislang sind nur für wenige Kommunen und ländliche Regionen entsprechende detaillierte Untersuchungen durchgeführt worden.

Größeres Interesse wurde dieser Thematik erst anlässlich des 100. Jahrestags des Kriegsausbruchs vom 1. August 1914 zuteil. Seitdem werden vermehrt wissenschaftliche Arbeiten veröffentlicht, die sich mit lokalen Kriegserfahrungen auseinandersetzen. Das Jubiläum des Waffenstillstandes 1918 löste eine weitere Welle wissenschaftlicher Auseinandersetzungen mit der Thematik aus. Dass sich die Forschung nun immer stärker der „Heimatfront" zuwendet, ist nicht zuletzt eine Folge der fortschreitenden Digitalisierung von Quellen, darunter auch bis-

---

[4] Hagemann, Heimat – Front, S. 21.
[5] Ebd.

lang kaum beachteter lokaler Materialien. Eines der Projekte, das sich die Erschließung dieser lokalen Weltkriegsquellen zum Ziel gesetzt hat, ist das Digitalisierungsprojekt „Hessische Regionalzeitungen aus der Zeit des Ersten Weltkrieges", das durch das Hessische Bibliotheksinformationssystem (HeBIS) koordiniert wird.[6] Im Rahmen dieses Vorhabens werden lokale Zeitungen, die in hessischen Hochschul- und Landesbibliotheken aufbewahrt wurden, digitalisiert und der Öffentlichkeit online zur Verfügung gestellt. Allerdings wurde die Windecker Zeitung, die der vorliegenden Arbeit als zentrale Quelle dient, bisher noch nicht digitalisiert.

Wer zum Thema „Alltag an der Heimatfront im Ersten Weltkrieg" recherchiert, stößt zwangsläufig auf Gerhard Hirschfeld und Gerd Krumeich, die in ihrem Werk „Deutschland im Ersten Weltkrieg" überregional geltende Aussagen zum Leben in der Heimat insbesondere kurz nach dem Kriegsausbruch treffen.[7] Die von Hirschfeld und Krumeich in Kooperation mit Irina Renz herausgegebene „Enzyklopädie Erster Weltkrieg"[8] umfasst Artikel zu zahlreichen relevanten Begriffen rund um den Krieg und die Kriegserfahrungen der Bevölkerung.

Bisher wurde vor allem das Leben unter den Bedingungen des Krieges in großen Städten erforscht. Für Frankfurt am Main hat Christoph Regulski mit seiner Studie „Klippfisch und Steckrüben"[9] eine detaillierte Untersuchung der Entwicklungen in der Mainmetropole während des „Großen Krieges" vorgelegt. Einige frühere Studien mit lokalem Fokus befassen sich mit Hamburg[10], Berlin[11], Freiburg[12] oder Köln[13]. Eine überregionale Untersuchung über den Ersten Weltkrieg, die sowohl Einblicke in den Alltag an der Heimatfront als auch in das Leben der Frontsoldaten gewährt, haben Jens Flemming, Klaus Saul und Peter Christian Witt mit „Lebenswelten im Ausnahmezustand. Die Deutschen, der Alltag und der Krieg 1914–1918" vorgelegt.[14] Auf ländlicher Ebene ist in erster Linie Benjamin Ziemann zu nennen. Er hat das Kriegserlebnis in bayerischen Landgemeinden ausführlich untersucht.[15]

Die Erforschung von lokalen Kriegserfahrungen ist in den vergangenen Jahren sehr intensiviert worden. Als Grundlage für diese Forschungen dienen neben Zeitungen gerade im ländlichen Bereich die Pfarr- und Kriegschroniken. Diese ge-

---

6 Siehe http://hwk1.hebis.de/.
7 Hirschfeld/Krumeich, Deutschland im Ersten Weltkrieg.
8 Hirschfeld/Krumeich/Renz (Hrsg.), Enzyklopädie Erster Weltkrieg.
9 Regulski, Klippfisch und Steckrüben.
10 Ullrich, Kriegsalltag. Hamburg im Ersten Weltkrieg.
11 Davis, Home Fires Burning. Food, Politics, and Everyday Life in World War I.
12 Geinitz, Kriegsfurcht und Kampfbereitschaft. Das Augusterlebnis in Freiburg; Chickering, The Great War and Urban Life in Germany. Freiburg 1914–1918.
13 Standt, Köln im Ersten Weltkrieg.
14 Flemming/Saul/Witt (Hrsg.), Lebenswelten im Ausnahmezustand.
15 Ziemann, Front und Heimat. Ländliche Kriegserfahrungen im südlichen Bayern 1914–1923.

ben je nach Gemeinde mehr oder weniger detailliert Auskunft über den Alltag vor Ort. Noch immer gibt es aber eine Vielzahl an Quellen zu den Kriegserfahrungen in kleinen Landgemeinden und Dörfern, die bisher noch nicht umfassend ausgewertet wurden. Dazu gehört die Windecker Zeitung, die bislang nur sporadisch für lokalgeschichtliche Studien herangezogen wurde. Im Hinblick auf den Ersten Weltkrieg geschah dies im Jahr 2014 im Rahmen der Ausstellung „Hessische Landgemeinden im Ersten Weltkrieg 1914–1918", deren Ergebnisse im gleichnamigen Begleitband dokumentiert wurden.[16] Eine der Autorinnen des Werks, Friederike Erichsen-Wendt, nutzte Ausschnitte der Windecker Zeitung als Quelle für ihren Beitrag zur lokalen Mentalitätsgeschichte im Ersten Weltkrieg.[17] Auch Monica Kingreen hat in mehreren Veröffentlichungen wiederholt Bezug auf das Blatt genommen.[18] In ihrem Aufsatz zum genannten Ausstellungsband hat sie sich unter anderem mit den jüdischen Soldaten aus Windecken, die im Ersten Weltkrieg kämpften, auseinandergesetzt. Ihr Text geht auf Einzelschicksale ein und verfolgt diese bis in die Zeit des Nationalsozialismus.[19] Eine vollständige Auswertung der Windecker Zeitung im Hinblick auf die lokalen Kriegserfahrungen steht aber noch aus. Sie soll im Rahmen der vorliegenden Arbeit erfolgen.

---

[16] Pieh/Müller/Alt (Hrsg.), Hessische Landgemeinden im Ersten Weltkrieg 1914–1918.
[17] Erichsen-Wendt, „In derselben Gegend auf dem Felde". Windecker Weltkriegsweihnacht. Theologiegeschichtliche Beobachtungen zur lokalen Mentalitätsgeschichte im Ersten Weltkrieg.
[18] Kingreen, Von geachteten Bürgern zu Verfolgten. Jüdische Windecker, Ostheimer und Heldenberger als Soldaten im Ersten Weltkrieg; dies., Jüdisches Landleben in Windecken, Ostheim und Heldenbergen.
[19] Kingreen, Von geachteten Bürgern zu Verfolgten.

Kapitel 1

Die Windecker Zeitung und ihr Gründer

1. Wilhelm Scheer

Die Windecker Zeitung wurde von Wilhelm Scheer gegründet und herausgegeben. Dieser wurde am 2. Juli 1878 unter dem Namen Leopold Otto Wilhelm Scheer in Elsthal bei Luckenwalde in Brandenburg geboren.[1] Seine Eltern waren der Mühlenbesitzer Ernst Hermann Otto Scheer[2] und dessen Ehefrau Auguste Emilia Scheer, geborene Giesgler[3].

Nach seinem Schulabschluss und der Ausbildung zum Buchdrucker begab sich Wilhelm Scheer auf Wanderschaft.[4] In Darmstadt arbeitete er in einer Druckerei, wo er offenbar seinen späteren Schwiegervater kennenlernte. Vermutlich traf er durch diesen auf seine spätere Frau, Elisabeth Petermann. Das Paar heiratete am 28. Mai 1904 in Darmstadt.[5] In der Heiratsurkunde wird für Scheer lediglich die Berufsbezeichnung „Geschäftsführer" genannt, weitere Angaben zum Betrieb werden nicht gemacht.[6] Sein Wohnsitz wird zu diesem Zeitpunkt mit „Jüchen" angegeben.[7] Vor dem Umzug nach Windecken lebte die Familie bereits in Darmstadt und Hanau, wo 1906 beziehungsweise 1908 die Söhne Hans Wilhelm Hermann[8] und Ludwig Wilhelm[9] zur Welt kamen.

Wie und wann genau es Scheer nach Windecken verschlug, ließ sich nicht ermitteln. Vermutlich Anfang 1908 mietete er ein Wohnhaus mit Gewerbefläche am Marktplatz 23 in Windecken an.[10] Es ist möglich, dass er dort eine bereits bestehende Druckerei übernahm. In Windecken eröffnete Scheer schließlich zu-

---

[1] Geburtsurkunde von Wilhelm Scheer, Stadtarchiv Luckenwalde.
[2] Spätestens ab 1904 führte Scheers Vater eine Gaststätte; vgl. Eheurkunde von Wilhelm und Elisabeth Scheer im Stammbuch der Familie; Kopie des Bauscheins für das Wohnhaus „Haag 1a" in Luckenwalde, beides Privatbesitz Eva Scheer.
[3] Geburtsurkunde von Wilhelm Scheer, Stadtarchiv Luckenwalde.
[4] Mündliche Mitteilung von Eva Scheer, 27. Februar 2019.
[5] Eheurkunde von Wilhelm und Margarethe Elisabeth Scheer, Standesamt Darmstadt, Heiratsnebenregister 1904, S. 226, HStA Marburg, Best. 901, Nr. 226.
[6] Ebd.
[7] Ebd. Die Stadt Jüchen liegt im heutigen Nordrhein-Westfalen in der Nähe von Grevenbroich.
[8] Geburtsurkunde Hans Wilhelm Hermann Scheer, Standesamt Darmstadt, Geburtsnebenregister 1906, Eintrags-Nr. 1-860, HStA Marburg, Best. 901, Nr. 734, S. 1055.
[9] Geburtsurkunde Ludwig Wilhelm Scheer, Geburtenregister der Stadt Hanau 1908, Nr. 195, S. 195.
[10] In der Gebäudesteuerrolle von Windecken wird als Eigentümer der Adresse Heinrich Matthias oder Conrad Muth genannt, vgl. HStA Marburg, Gebäudesteuerrolle Windecken 1910 (Kat. III 1702).

Abb. 1: Elisabeth und Wilhelm Scheer; Privatbesitz Eva Scheer, Luckenwalde.

1 Die Windecker Zeitung und ihr Gründer

sätzlich zu seiner Buchdruckerei, die gleichzeitig als Verlag der Windecker Zeitung diente, ein Ladengeschäft, in dem er die unterschiedlichsten Waren verkaufte. Die Eröffnung vermeldete er den Windeckern in seiner Zeitung mit einer großen Anzeige am 14. Oktober 1908.[11] Er selbst bezeichnete dieses Geschäft als „Papier- und Schreibmaterialien-Handlung".[12] Im November 1915 musste sich Scheer vorläufig aus Windecken verabschieden. In seiner Zeitung wandte er sich mit einem Schreiben „In eigener Sache" an die Leserschaft und erklärte, er werde zum Heeresdienst einberufen. Daher müsse er den Druckereibetrieb „bis auf weiteres" stilllegen, folglich könne auch die Windecker Zeitung nicht länger erscheinen. Das Ladengeschäft hingegen werde „in unveränderter Weise weitergeführt".[13] Zum 3. Dezember 1915 wurde Scheer nach Mainz beordert, von wo aus er wenige Tage später nach Frankreich aufbrach. Scheer war zunächst in der Reserve der Fußartillerie, anschließend gehörte er einer logistischen Truppe, der aktiven Pack-Kompanie 19 an. Er wurde mit dem Eisernen Kreuz zweiter Klasse ausgezeichnet und kehrte im Dezember 1918 aus dem Krieg zurück in die Stadt.[14]

Wenig später zog es die Familie dann nach Luckenwalde, in den Heimatort Wilhelm Scheers, wo er Arbeit in der Gaststätte seines Vaters aufnahm.[15] Nach dem Tod des Vaters übernahm die Familie das Haus, das erst kurz zuvor fertiggestellt worden war[16], und blieb in Luckenwalde. Am 21. Mai 1937 verstarb Wilhelm Scheer im Krankenhaus von Luckenwalde.[17]

Kurz nach seiner Ankunft in Windecken gründete Scheer im September 1908 die Windecker Zeitung, nach eigener Aussage „einem allgemeinen Wunsche der Einwohner von Windecken und Umgebung" folgend. Als Ziel der Zeitung gab der Herausgeber an, er wolle „alle amtlichen Bekanntmachungen" veröffentlichen und darüber hinaus über „die täglichen Ereignisse und Vorfälle auf allen Gebieten und aus allen Ländern" informieren. Aber Scheer wollte mit seinem Blatt nicht nur informieren, sondern auch unterhalten. Dafür fügte er seiner Zeitung von Beginn an eine Beilage zum Wochenende hinzu.[18]

Es ist davon auszugehen, dass Wilhelm Scheer die Zeitung am Abend fertigstellte und druckte und sie in den Morgenstunden austragen ließ. Scheer selbst gab an, die Zeitung werde durch Träger „frei ins Haus" zugestellt.[19] Diese Methode der Zustellung wird auch durch die Stellenanzeige bestätigt, in der Scheer nach „Zeitungsträgern" suchte.[20] Jedoch war auch die postalische Zustellung

---

[11] WZ Nr. 6, 14. Oktober 1908, S. 4.
[12] WZ Nr. 34, 28. April 1909, S. 4.
[13] Ebd; WZ Nr. 93, 24. November 1915, S. 1.
[14] Ehrenblatt Wilhelm Scheer, Ehrenbuch Windecken, Bl. 153, Stadtarchiv Nidderau.
[15] Mündliche Mitteilung von Eva Scheer, 27. Februar 2019.
[16] Bauschein für das Wohnhaus „Haag 1a" in Luckenwalde, Privatbesitz Eva Scheer.
[17] Sterbeurkunde Wilhelm Scheer, Stadtarchiv Luckenwalde.
[18] WZ Nr. 1, 26. September 1908, S. 1.
[19] WZ Nr. 2, 30. September 1908, S. 1, vgl. WZ Nr. 12, 4. November 1908, S. 1.
[20] WZ Nr. 2, 6. Januar 1909, S. 4.

möglich. Gegen Aufpreis konnten so beispielsweise fortgezogene Windecker, die über die Geschehnisse in ihrer Heimat weiterhin informiert bleiben wollten, das Blatt erhalten.[21]

Der Preis der Windecker Zeitung betrug zunächst 85 Pfennig für einen vierteljährlichen Bezug. Der „Postaufschlag" wurde in der ersten Probeausgabe nicht näher definiert. Bereits in der zweiten Ausgabe der Windecker Zeitung wurde der Preis inklusive Porto vierteljährlich mit einer Mark angegeben.[22]

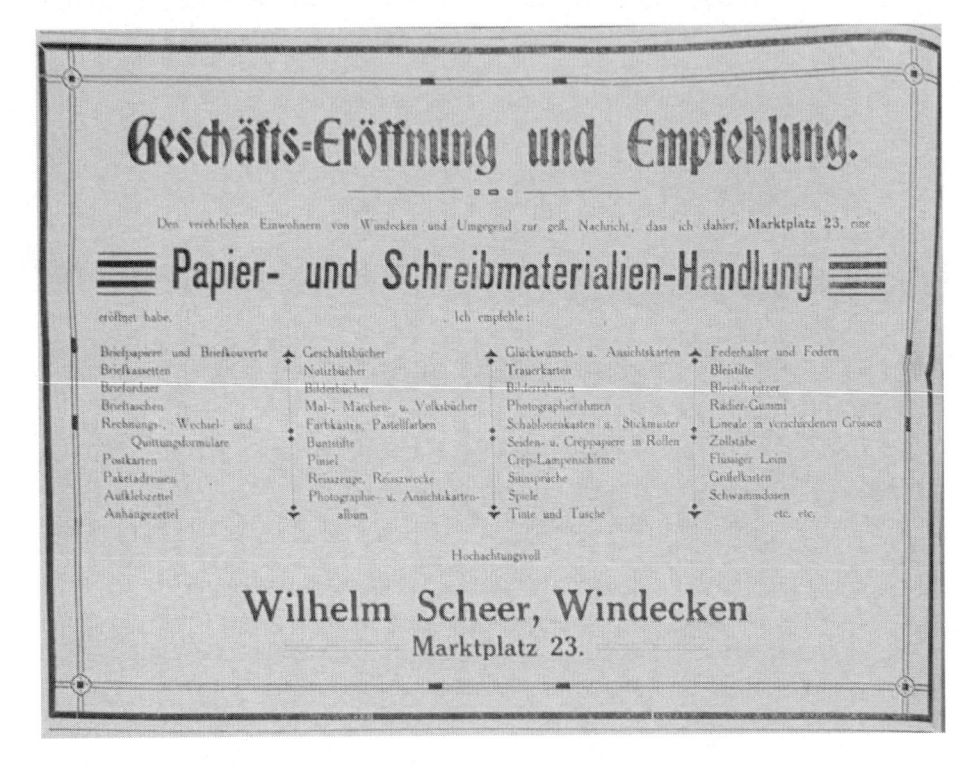

Abb. 2: Inserat in der Windecker Zeitung Nr. 6, 14. Oktober 1908, S. 4.

Immer wieder wies Scheer auch innerhalb des Quartals auf die Möglichkeit hin, das Abonnement der Zeitung aufzunehmen, beispielsweise konnten Leser im Jahr 1908 die Monate November und Dezember des Blattes für einen Preis von 60 Pfennig abonnieren.[23] Der ursprüngliche Preis von 85 Pfennig je Quartal blieb bis

---

[21] In einem Schreiben an seine Abonnenten bat Scheer 1913 um Adressen verzogener Windecker, um diesen Probeausgaben seiner Zeitung zustellen zu können. Viele ehemalige Anwohner würden ihr Abonnement der Zeitung in der neuen Heimat fortsetzen, teilweise würde dies aber „ohne böse Absicht ins Vergessen" geraten. Damit die Verzogenen aber nicht „alle Fühlung" mit der alten Heimat verlieren würden, eigne sich ein Abonnement seiner Zeitung. Vgl. WZ Nr. 3, 11. Januar 1913, S. 1.
[22] WZ Nr. 2, 30. September 1908, S. 1.
[23] WZ Nr. 12, 4. November 1908, S. 1.

1 Die Windecker Zeitung und ihr Gründer

Ende 1909 bestehen, dann hob Scheer ihn an. Zwischen Januar 1910 und der letzten Ausgabe der Zeitung im November 1915 wurde die Zeitung für den Preis von einer Mark zuzüglich des Aufschlags von 20 Pfennig für Porto verkauft.[24]

Zu Beginn des 20. Jahrhunderts waren Zeitungen das meistverbreitete und damit wichtigste Medium. Der Rundfunk war noch nicht erfunden, und während die Ententemächte teilweise schon früher auf visuelle Medien wie Filme, Fotos oder Plakate setzten, gewannen diese im Deutschen Reich erst ab 1916 eine stärkere Bedeutung.[25] Entsprechend hoch war die Anzahl der Tageszeitungen, die sich über das Reich verteilten. Unter den 4100 Zeitungen, die es im Jahr 1914 gegeben haben soll, befanden sich überregionale Medien wie das „Berliner Tageblatt", das wohl zu den prominentesten und am weitesten verbreiteten Blättern gehörte, ebenso wie zahlreiche kleinere Anzeiger mit regionalem Bezug.[26]

Zu diesen kleineren Blättern zählte auch die Windecker Zeitung. Nur die wenigsten Landgemeinden und Kleinstädte verfügten zu Anfang des 20. Jahrhunderts über eine eigene Lokalzeitung. Als Informationsquellen dienten meist größere Blätter wie die Frankfurter Zeitung oder der Hanauer Anzeiger, auch überregionale Zeitungen wurden zuweilen abonniert. Die Windecker Zeitung nahm daher eine Sonderstellung ein. Zwar gab es im nahegelegenen Bad Nauheim zu dieser Zeit mit dem Bad Nauheimer Anzeiger ebenfalls eine eigene Lokalzeitung, doch war die Kurstadt wesentlich wohlhabender als Windecken und hatte regelmäßig viele auswärtige Personen zu Gast. Im Übrigen hatte Bad Nauheim bereits 1910 rund 6000 Einwohner, womit der Bad Nauheimer Anzeiger eine wesentlich größere potentielle Leserschaft besaß.[27]

Dass es in der Kleinstadt Windecken offenbar einen Bedarf für eine eigene Zeitung gab, deutete Wilhelm Scheer in der ersten Ausgabe der Windecker Zeitung an, indem er erklärte, die Zeitung sei auf allgemeinen Wunsch entstanden.[28] Diese erste Ausgabe erschien am Samstag, den 26. September 1908. Die Zeitung wurde zunächst probeweise produziert. Die zweite Ausgabe, bei der es sich ebenfalls um eine Probeausgabe handelte, erschien am Mittwoch, den 30. September. Mit der dritten Ausgabe vom 3. Oktober 1908 nahm die Zeitung ihren Regelbetrieb auf und erschien fortan zweimal wöchentlich. Die Auflagenhöhe des Blattes lässt sich nur schwer einschätzen, da hierüber Unterlagen fehlen. Wilhelm Scheer selbst resümierte zum Ende des ersten Quartals der Windecker Zeitung, die Anzahl der Abonnenten sei „von Monat zu Monat gestiegen".[29] Für das darauffolgende Jahr wünsche er sich aber „einen noch größeren Leserkreis zu gewinnen".[30]

---

[24] WZ Nr. 1, 4. Januar 1915 bis Nr. 93, 24. November 1915, jeweils S. 1.
[25] Flemming/Ulrich, Heimatfront. Zwischen Kriegsbegeisterung und Hungersnot, S. 64f.
[26] Ebd.
[27] „Bad Nauheim, Wetteraukreis", in: Historisches Ortslexikon Hessen, https://www.lagis-hessen.de/de/subjects/idrec/sn/ol/id/12055 (Stand: 16.10.2018).
[28] WZ Nr. 1, 26. September 1908, S. 1.
[29] WZ Nr. 28, 30. Dezember 1908, S. 1.
[30] Ebd.

Um dies zu erreichen, wies Scheer potenzielle Werbekunden darauf hin, dass seine Zeitung „in Windecken und Umgebung fast in jedem Hause" gelesen werde.[31] Obwohl hierin natürlich eine wirtschaftliche Strategie steckte, dürfte zumindest in den unmittelbar benachbarten Gemeinden Interesse an der Zeitung bestanden haben.[32]

2. Der Aufbau der Windecker Zeitung

Der Wiedererkennungswert ist ein wichtiger Aspekt von Zeitungen. Dafür unterteilte Scheer seine Zeitung von Beginn an in Ressorts. Scheers Leser wussten, an welcher Stelle einer Ausgabe sie Meldungen zu erwarten hatten. Das Blatt bekam dadurch eine Art „Verlässlichkeit". Zu den regelmäßigen Rubriken der Zeitung, die von Beginn an enthalten war, zählte „Aus Stadt und Land".[33] Zum Ende eines Monats oder zum Beginn des nächsten Monats veröffentlichte Scheer zudem häufig einen Artikel, der sich mit dem kommenden Monat befasste. Diese Artikel stellten eine eigenständige Unterrubrik im Bereich „Aus Stadt und Land" dar.[34]

Ebenso war ab der ersten Ausgabe die „Kleine Chronik" fester Bestandteil der Windecker Zeitung.[35] Unter dieser Überschrift veröffentlichte Scheer Meldungen unterschiedlichster Art.[36] Zum festen Repertoire der Zeitung gehörten ferner von Anfang an die Anzeigen auf der letzten Seite[37] sowie die „Bekanntmachungen"[38]. Mit der letztgenannten Rubrik – und bereits kurz darauf unter „Amtliches"[39] – wurde Scheer der Aufgabe der Windecker Zeitung als „amtliches Publikationsorgan" gerecht. Weitere offizielle Nachrichten, die Scheer publizierte, umfassten die „Kirchlichen Nachrichten".[40] Dabei handelte es sich um eine kleine Anzeige, die verkündete, welcher der Pfarrer den kommenden Gottesdienst halten und wann dieser stattfinden werde. In den „Standesamtlichen Nachrichten" wurden Todesfälle, Hochzeiten und Geburten bekanntgegeben.[41]

---

[31] WZ Nr. 24, 25. März 1911, S. 1.
[32] Ein Indiz hierfür bietet die Ausgabe vom 27. März 1909, in der sich ein Bewohner der Nachbargemeinde Ostheim an die Redaktion wandte; der Brief wurde jedoch nicht abgedruckt, offenbar handelte es sich um Werbung, denn Scheer verwies den Verfasser auf den Anzeigenbereich seiner Zeitung, WZ Nr. 25, 27. März 1909, S. 1.
[33] WZ Nr. 1, 26. September 1915, S. 1.
[34] Vgl. Vom August, Aus Stadt und Land, WZ Nr. 61, 1. August 1914, S. 4; Vom November, Aus Stadt und Land, WZ Nr. 87, 31. Oktober 1914, S. 1.
[35] WZ Nr. 1, 26. September 1915, S. 3.
[36] Diese Texte reichten von Berichten über Verhaftungen oder Verurteilungen mutmaßlicher Verbrecher (WZ Nr. 1, 26. September 1915, S. 3) bis hin zur Information, dass „jedes Gramm Schreibkreide" aus 50 000 Schalen von Foraminiferen bestehe (WZ Nr. 79, 3. Oktober 1914, S. 3).
[37] WZ Nr. 1, 26. September 1915, S. 4.
[38] Ebd., S. 1.
[39] Erstmals: WZ Nr. 6, 14. Oktober 1908, S. 1.
[40] Erstmals: WZ Nr. 1, 26. September 1908, S. 4.
[41] Ebd.

Einladung zum Abonnement.

Am 1. Januar begann für die Monate Januar, Februar und März ein neues Abonnement auf die

Windecker Zeitung.

Ein die Interessen von Stadt und Land, von Handel, Gewerbe und Landwirtschaft förderndes

Heimatsblatt ist die **Windecker Zeitung**, die alle Vorkommnisse des Tages bespricht, sowie auch den Unterhaltungsteil immer mehr auszudehnen bestrebt ist.

Eine weitere Neuerung bieten wir unseren Lesern durch die Einrichtung eines Vereins- und Vergnügungs-Kalenders, sowie durch die Veröffentlichung der Standesamtlichen und Kirchlichen Nachrichten der zum Amtsgerichts-bezirk Windecken gehörigen Orte.

Die Abonnentenzahl ist im jetzt zu Ende gehenden Quartal von Monat zu Monat erheblich gestiegen und hoffen wir, im neuen Quartal einen noch größeren Leserkreis zu gewinnen.

Wir wissen, daß namentlich die Erfolge im verflossenen Quartal reichlich auf das Konto unserer Freunde zu setzen sind, die die „Windecker Zeitung" überall empfehlen.

Wir danken dafür aufrichtig und bitten uns auch fernerhin die Anhänglichkeit zu bewahren.

Bezugspreis für die Monate Januar, Februar und März **nur 85 Pfg.** frei ins Haus.

Bestellungen wolle man gefälligst bei der Expedition, Marktplatz 23, oder bei unseren Trägern aufgeben.

Verlag der Windecker Zeitung.

Abb. 3: Einladung zum Abonnement, Windecker Zeitung Nr. 1, 2. Januar 1909, S. 1.

Neben den festen Beilagen erhielten die Abonnenten der Windecker Zeitung mit dem Blatt auch Prospekte und Flugblätter verschiedener Geschäfte aus Windecken und dem Umland. Auf diese Beilagen wurde häufig im Anzeigenbereich der Zeitung hingewiesen.[42] Dass auch Unternehmen, die nicht in Windecken ansässig waren, in der Zeitung Anzeigen schalteten, belegt, dass die Zeitung bei Geschäftsinhabern außerhalb der Stadt bekannt war. Zwar waren die wichtigsten Geschäfte in Windecken vorhanden, die nächstgelegene größere Gelegenheit, um Einkäufe zu erledigen, boten jedoch die Hanauer Geschäfte. Entsprechend lohnten sich die Anzeigen in der Windecker Zeitung für deren Besitzer, wie die langjährige Treue einiger Anzeigenkunden aus Hanau belegt. Zudem konnte die Windecker Zeitung über verschiedene Geschäfte in anderen Gemeinden bestellt werden, nämlich in Büdesheim, Eichen, Kilianstädten, Marköbel, Oberdorfelden, Ostheim und Roßdorf.[43]

Durch den „Vereinskalender"[44] in der Windecker Zeitung wurden die Anwohner in Bezug auf Termine und Treffen lokaler Vereine auf dem Laufenden gehalten. Diese Rubrik und die entsprechenden Anzeigen ermöglichen es, zu rekonstruieren, welche Vereine es in Windecken im Jahr 1914 gab und welche von ihnen im Krieg ein besonderes Engagement zeigten. Gerade am Anfang veränderten sich die Rubriken stark. Immer wieder modifizierte Scheer sein Blatt. Er probierte Neues aus und erfand Ressorts, von denen manche kurz darauf wieder abgeschafft wurden.[45]

Andere Rubriken hielten sich länger. Im November 1908 kam „Vermischtes"[46] dazu, das bis zur Einstellung der Zeitung 1915 erhalten blieb. Gleiches galt für die „Rundschau"[47], die seit der zweiten Hälfte des Jahres 1909 im Blatt enthalten war. Seit Oktober 1908 enthielt die Zeitung auch Zeichnungen, die später mit wenigen Ausnahmen auf der dritten Seite erschienen, zunächst wechselte die Anordnung der Abbildungen jedoch zwischen den beiden mittleren Seiten.[48]

---

[42] Beispielsweise enthielt die WZ Nr. 10, 28. Oktober 1908, ein Preisverzeichnis des Schuhwarenhändlers Schwab, in Nr. 21, am 5. Dezember des gleichen Jahres war ein Prospekt der Firma Cahn aus Hanau beigelegt, in Nr. 25, am 19. Dezember 1908 ließ die Firma Carl Sichel und Söhne eine Beilage zusammen mit der Zeitung austragen. Diese Beilagen sind nicht mehr erhalten, auf Seite 4 der entsprechenden Ausgaben der Zeitung wurde aber jeweils auf die Beilagen aufmerksam gemacht.

[43] WZ Nr. 50, 23. Juni 1909, S. 4.

[44] Beispielsweise: WZ Nr. 96, 5. Dezember 1914, S. 4.

[45] Beispielsweise: „Kunst und Wissenschaft" (erstmals: WZ Nr. 2, 30. September 1908, S. 3), „Lug ins Land" (erstmals: WZ Nr. 3, 1908, S. 2) oder „Aus den Schutzgebieten" (erstmals: WZ Nr. 42, 26. Mai 1909, S. 2). Diese Ressorts erschienen jeweils nur wenige Male.

[46] Erstmals: WZ Nr. 14, 11. November 1908, S. 3.

[47] Erstmals: WZ Nr. 53, 3. Juli 1909, S. 2.

[48] Erstmals: WZ Nr. 8, 21. Oktober 1908, S. 3.

1 Die Windecker Zeitung und ihr Gründer

Die beiden Ressorts „Gerichtliches"[49] und „Gerichtszeitung"[50] liefen nahezu von Beginn an parallel. Später ergänzte das Ressort „Gerichtssaal" die Berichterstattung.[51] Beide Ressorts hatten ähnliche Inhalte. Sie berichteten von Kriminalfällen und Gerichtsurteilen. Lokale Fälle wurden zumeist in der Rubrik „Schöffengerichtsversammlung" besprochen.[52]

Andere Ressorts wurden umbenannt oder ersetzt. Aus „Neues aus aller Welt", das bereits in der ersten Ausgabe enthalten war[53], wurde später der verkürzte Titel „Aus aller Welt".[54] Das Ressort „Politischer Tagesbericht" fiel Ende Januar 1909 weg[55] und wurde abgelöst durch die Rubrik „Kleine politische Nachrichten", die über das Tagesgeschehen informierte.[56] An die Stelle der Rubrik „Hof und Gesellschaft"[57] trat „Haus & Hof"[58]. Diese Rubrik deckte die gleichen Themen ab, wie es zuvor die Rubrik „Hof und Gesellschaft" getan hatte, sodass hier von einer Umbenennung gesprochen werden kann. Freilich besaß der neue Titel ein höheres Identifikationspotential für die Leser, denn das Ressort enthielt in erster Linie Ratschläge für den Alltag, wie etwa das passende Hausmittel bei Kopf- und Ohrenschmerzen.[59]

Während der Großteil der Übertitel unabhängig von Wochentagen in der Zeitung enthalten war, gab es auch tagesgebundene Rubriken. Mittwochs enthielt die Windecker Zeitung regelmäßig die sogenannten „Marktberichte". In dieser Rubrik wurden aktuelle Preise unterschiedlicher Märkte veröffentlicht, namentlich des Frankfurter Viehmarkts, des Frankfurter Getreidemarkts und des Heu- und Strohmarkts.[60] Eingeführt hatte Scheer diesen Service auf Wunsch seiner Abonnenten bereits kurz nach der Gründung seiner Zeitung.[61] Zwar blieb die Rubrik nicht bis zum Ende der Zeitung erhalten, gleichwohl erfuhr die Leserschaft bis zuletzt mittwochs häufig die aktuellen Preise der Frankfurter Märkte. Statt in einer eigenen Rubrik wurden diese Informationen im Jahr 1914 unter dem Titel „Vom Viehmarkt" im Ressort „Aus Stadt und Land" verlautbart.[62]

---

[49] WZ Nr. 1, 26. September 1915, S. 1.
[50] WZ Nr. 2, 30. September 1908, S. 3.
[51] Beispielsweise: WZ Nr. 35, 1. Mai 1915, S. 3.
[52] Die Nachrichten aus diesen Sitzungen wurden zunächst unter „Gerichtliches" veröffentlicht (WZ Nr. 1, 26. September 1908, S. 1), erst später erschienen sie in einem eigenen Ressort.
[53] Letztmals: WZ Nr. 9, 30. Januar 1909, S. 2.
[54] Erstmals: WZ Nr. 10, 3. Februar 1909, S. 3.
[55] Letztmals: WZ Nr. 9, 30. Januar 1909, S. 2.
[56] Erstmals: WZ Nr. 10, 3. Februar 1909, S. 2.
[57] Erstmals: ebd., letztmals: WZ Nr. 46, 9. Juni 1909, S. 2.
[58] Erstmals: WZ Nr. 53, 3. Juli 1909, S. 3.
[59] WZ Nr. 72, 9. September 1914, S. 3.
[60] Erstmals: WZ Nr. 8, 21. Oktober 1908, S. 1.
[61] WZ Nr. 8, 21. Oktober 1908, S. 1.
[62] Exemplarisch: WZ Nr. 32, 24. April 1915, S. 1, Nr. 52, 30. Juni 1915, S. 1.

Auch der Leserschaft wurde eine eigene Rubrik eingeräumt. Sie trug den Namen „Eingesandt". Den ersten Leserbrief enthielt die Windecker Zeitung im Dezember 1908.[63] Neben Briefen konnten die Abonnenten auch Fragen an die Redaktion stellen, die dann in folgenden Ausgaben beantwortet wurden. Dies geschah unter der Unterüberschrift „Briefkasten"[64] oder „Briefkasten der Redaktion"[65].

Eine eindeutige Kategorie, die einem „Feuilleton"[66] gleichgekommen wäre, fehlte in der Windecker Zeitung. Jedoch veröffentlichte Scheer auf den Innenseiten der Zeitung Fortsetzungsromane oder Essays. Diese Präsentationsform diente damals wie heute der Leserbindung.[67] Die Texte platzierte Scheer jeweils durch eine Linie abgetrennt im unteren Bereich der beiden mittleren Seiten. Diese Anordnung und die graphische Absetzung vom restlichen Inhalt des Blatts waren üblich für Fortsetzungsromane.[68] Offenbar orientierte sich Scheer beim Aufbau der Windecker Zeitung an anderen Zeitungen, die ihr Feuilleton oder Prosatexte ebenfalls „Unterm Strich" ansiedelten.[69]

Neben den wiederkehrenden Rubriken enthielt die Windecker Zeitung auch illustrierte Beilagen. Diese hießen „Illustriertes Sonntags-Blatt" und „Zeitbilder". Während das „Illustrierte Sonntags-Blatt"[70] seit der Gründung der Zeitung mit dem Blatt mitgeliefert wurde, kam die Beilage „Zeitbilder" erst nach einigen Monaten dazu.[71]

Scheer konnte die Beilagen aus Zeitgründen nicht selbst erstellen, da er die Zeitung neben seinem eigentlichen Tagesgeschäft in der Druckerei und dem Laden erstellte. Daher nutzte er wohl für beide Beilagen das Angebot von Verlagen, die darauf spezialisiert waren, illustrierte Beilagen zu erstellen und gleich für mehre-

---

63 „Eingesandt": WZ Nr. 25, 19. Dezember 1908, S. 1.
64 „Briefkasten": erstmals WZ Nr. 2, 30. September 1908, S. 1.
65 „Briefkasten der Redaktion": WZ Nr. 25, 27. März 1909, S. 1.
66 In einer der Ausgaben der Zeitung nutzte Scheer den Begriff als Überschrift, jedoch nicht für einen feuilletonistischen Text, sondern für einen Artikel: Die Windecker Zeitung vom 20. Januar 1909 enthielt den Titel „Kleines Feuilleton", vgl. WZ Nr. 6, 20. Januar 1909, S. 3.
67 Püschel, Präsentationsformen, S. 871.
68 Scheer selbst verstand den Fortsetzungsroman als „Feuilleton", vgl. WZ Nr. 102, 24. Dezember 1910, S. 1.
69 Vgl. Biebricher Tagespost Nr. 353, 53. Jahrgang, 30. Dezember 1914, Erstes Blatt, S. 2, hier etwa die Veröffentlichung des Fortsetzungsromans „Der Adel der Liebe". – Scheer ordnete den Fortsetzungsroman zunächst wie die übrigen Artikel auf der Seite an, ging in der zweiten Ausgabe der Zeitung aber dazu über, den Roman unter einem Strich anzusiedeln; WZ Nr. 1, 26. September 1908, S. 3, vgl. WZ. Nr. 2, 30. September 1908, S. 2f.
70 Im HStA Marburg sind einige Ausgaben erhalten: Illustriertes Sonntags-Blatt. Beilage zur Windecker Zeitung, Jg. 1912, Nr. 27, 29, 31, 32, 35, 42, 43, 44, 49, 52.
71 Am 20. März 1909 teilte Scheer seinen Lesern in einer „Einladung zum Abonnement" mit, die Zeitung werde von nun an eine weitere Beilage enthalten; WZ Nr. 23, 20. März 1909, S. 1.

Abb. 4: Beilage „Illustriertes Sonntags-Blatt"; Universitätsbibliothek Marburg.

re Medien parallel zu produzieren. Der Verlag Greiner und Pfeiffer in Stuttgart etwa produzierte unterschiedliche Varianten eines „Illustrierten Sonntags-Blattes".[72] Neben Scheer griffen unter anderem die Zeitungen „Wochenblatt für Zschopau und Umgebung"[73], die „Deutsch-Ostafrikanische Zeitung", die „Greifswalder Zeitung" oder die „Brockauer Zeitung" auf dieses Angebot zurück.[74] Der Umfang der unterschiedlichen Beilagen variierte stark: Scheers Beilage umfasste acht Seiten[75], die Beilage zur Brockauer Zeitung beispielsweise nur die Hälfte[76].

Der Aufbau der Beilagen war stets ähnlich, sie enthielten Fortsetzungsromane, viele Bilder, Schachaufgaben und kleine Rätsel.[77] Zudem enthielten sie übereinstimmende Rubriken, darunter „Unsere Bilder", „Gemeinnütziges" und „Allerlei".[78] Das Layout bot ebenfalls Wiedererkennungswert: Der Kopf, der den Titel der Beilage zeigte, enthielt stets aufwändige Zeichnungen. Bei der Windecker Zeitung war auf der ersten Seite der Beilage eine Familie abgebildet, die auf einer Bank vor einem großen Anwesen saß und gemeinsam das Sonntagsblatt las.[79] Die Seitenzahlen waren in der Regel mit einer Art Pfeil verziert, die Rubriken befanden sich in dekorierten Kästen.[80] Dem Titel „Illustriertes Sonntags-Blatt" wurde die Beilage gerecht, denn auf beinahe jeder Seite fanden sich Illustrationen und Fotos.[81]

Auch die Beilage „Zeitbilder" dürfte Scheer bestellt haben. Der Verlag J. Schmidt in Markneukirchen druckte von 1896 bis 1915 eine gleichnamige Beilage[82], die zeitweise bis zu 130 Zeitungen im Deutschen Reich beigefügt war[83], darunter die

---

[72] Der Name war nicht einmalig, weitere Verlage im ganzen Reich produzierten gleichnamige Zeitschriften, darunter die beiden Berliner Verlage Ihring und Fahrenholtz, John Schwerin's Verlag AG und die Gutenberg AG. Letztere erreichte 1907 sogar eine Auflage von 123 000 Exemplaren. Siehe: Graf/Pellatz, Familien- und Unterhaltungszeitschriften, S. 509–522.

[73] Vgl. Illustriertes Sonntags-Blatt Nr. 10/1896 (8.3.1896), Beilage zum Wochenblatt für Zschopau und Umgebung, S. 8.

[74] Illustriertes Sonntags-Blatt Nr. 26/1913 (12. Juli 1913), Beilage zur Deutsch-Ostafrikanischen Zeitung; Illustriertes Sonntags-Blatt Nr. 26/1912 (23. Juni 1912), Beilage zur Greifswalder Zeitung; Illustriertes Sonntags-Blatt Nr. 26/1913 (13. Juli 1913), Beilage zur Brockauer Zeitung.

[75] Illustriertes Sonntags-Blatt Nr. 27/1912 (6. Juli 1912), Beilage zur Windecker Zeitung.

[76] Illustriertes Sonntags-Blatt Nr. 26/1913 (13. Juli 1913), Beilage zur Brockauer Zeitung.

[77] Illustriertes Sonntags-Blatt Nr. 27/1912 (6. Juli 1912), Beilage zur Windecker Zeitung, S. 1.

[78] Ebd.

[79] Illustriertes Sonntags-Blatt. Beilage zur Windecker Zeitung, Jg. 1912, Nr. 27, 29, 31, 32, 35, 42, 43, 44, 49, 52.

[80] Ebd., jeweils S. 8.

[81] Ebd., S. 1–8.

[82] Graf, Familien- und Unterhaltungszeitschriften, S. 91.

[83] Dussel, Pressebilder in der Weimarer Republik, S. 43.

1 Die Windecker Zeitung und ihr Gründer 27

überregional bekannte Vossische Zeitung, die vom Verlag Ullstein & Co. herausgegeben wurde.[84]

Der Umfang der Windecker Zeitung betrug von Beginn an vier Seiten. Während viele andere Zeitungen während des Krieges die Häufigkeit ihrer Veröffentlichung oder den Umfang reduzieren mussten[85], blieb der Umfang der Windecker Zeitung konstant in allen Jahrgängen bestehen. Einer der Gründe für die Reduzierung des Umfangs von Zeitungen war der zunehmende Papiermangel. Als dieser akut wurde, existierte die Windecker Zeitung jedoch bereits nicht mehr. Der Umfang des Hanauer Anzeigers nahm nach Kriegsausbruch von durchschnittlich fünfzehn Seiten kontinuierlich ab und betrug im Frühjahr 1917 nur noch sechs bis acht Seiten.[86] Der Gießener Anzeiger verkündete im November 1918 in einem Schreiben „An unsere Leser", „die Knappheit des Zeitungsdruckpapiers" in Zusammenhang mit der „Unsicherheit", dieses rechtzeitig beschaffen zu können, habe es nötig gemacht, den Anzeigenteil zu beschränken und die belletristische Beilage „Gießener Familienblätter" einzustellen.[87] Auch die „Illustrierte Frankfurter Woche", eine regional begrenzte Beilage zur „Frankfurter Zeitung und Intelligenzblatt" wurde zum 1. Januar 1919 eingestellt.[88] Zuvor war es bereits vorgekommen, dass Anzeigen wegen Papiermangels zurückgestellt werden mussten.[89] Der Pforzheimer Anzeiger veröffentlichte 1918 eine Analyse der aktuellen Situation für Buchdrucker und Zeitungsverleger, die von vielen Zeitungen übernommen wurde.[90] Die Papiervorräte der Verlage seien aufgebraucht, sodass ein „einfaches Versehen des Papierlieferanten" genüge, um das Erscheinen einer Zeitung in Frage zu stellen.[91] Häufig müssten die Inhalte beschnitten werden oder ganze Seiten mit Anzeigen wegfallen.

Mit der neuen Rubrik „Der Krieg" reagierte Scheer bereits in der Ausgabe des 1. August 1914 auf die jüngsten Ereignisse und den bevorstehenden Kriegsausbruch.[92] Das Ressort blieb erhalten und enthielt Nachrichten, die mit dem Kriegs-

---

[84] Ebd., S. 513 sowie exemplarisch: Zeitbilder. Beilage zur Vossischen Zeitung Nr. 69, 25. August 1915.
[85] Das zeigt Sabrina Rutner ausführlich am Beispiel des Hanauer Anzeigers: Rutner, „Die Deutsche Frau trägt ein deutsches Korsett!", S. 17.
[86] Ebd., S. 12.
[87] Gießener Anzeiger Nr. 264, 9. November 1918 (Erstes Blatt), S. 2.
[88] Frankfurter Zeitung und Intelligenzblatt Nr. 362, Abendausgabe, 31. Dezember 1918, S. 4.
[89] Ebd., Nr. 326, Morgenausgabe, 24. November 1918 (1. Beiblatt), S. 5.
[90] Weilburger Anzeiger. Kreisblatt für den Oberlahnkreis. Amtliches Organ für sämtliche Bürgermeisterämter des Oberlahnkreises Nr. 168, 22. Juli 1918, S. 3; Oberurseler Bürgerfreund. Allgemeiner Anzeiger für Oberursel und Umgegend. Amtl. Verständigung-Organ der Stadt Oberursel Nr. 118, 30. Juli 1918, S. 3; Taunus-Zeitung. Offizielles Organ der Behörden des Amtsgerichts Königstein Nr. 125, 12. August 1918, S. 2.
[91] Zit. nach: ebd.
[92] Erstmals in: WZ Nr. 61, 1. August 1914, S. 1.

geschehen zusammenhingen. Ergänzt wurde das Ressort ab Sommer 1915 durch „Kriegsallerlei".[93] Eine genaue Abgrenzung der Inhalte beider Ressorts ist nicht möglich.

Kurz nach Ausbruch des Ersten Weltkriegs verkündete Wilhelm Scheer zudem den Wegfall der beiden illustrierten Beilagen: „Die gegenwärtigen Verhältnisse bringen es mit sich, daß wir die regelmäßigen Beilagen ‚Zeitbilder' und ‚Illustriertes Sonntagsblatt' bis auf weiteres unserer Zeitung nicht mehr beilegen können."[94] Der Hinweis auf die Beilagen, der sich seit der Gründung der Zeitung stets direkt unter dem Kopf auf der ersten Seite befand, verschwand gleichwohl zunächst nicht. Schon knapp einen Monat später meldete Scheer, die Sonntagsbeilage von nun an wieder beizufügen und die verpassten Beilagen nachzuliefern, indem er der Zeitung an den darauffolgenden Samstagen jeweils zwei Ausgaben des „Illustrierten Sonntags-Blattes" beigeben werde.[95] Die Beilage „Zeitbilder" fiel aber endgültig weg; Mitte Oktober 1914 entfernte Scheer den Hinweis auf diese Beilage aus dem Kopf der Zeitung.[96]

Durch den Krieg weitete sich der Fokus der Windecker Zeitung über den lokalen Rahmen hinaus aus. Die Anzahl der Meldungen von der Front, aus den unterschiedlichsten Städten des Reiches und aus dem Ausland, insbesondere den verfeindeten Ländern, stieg erheblich an. Zwar hatte Scheer bereits seit der Gründung der Zeitung einen gewissen Anteil des Inhalts nichtlokalen Meldungen gewidmet und immer wieder Nachrichten aus anderen Medien zitiert. Aber er selbst hatte noch wenige Jahre zuvor die Bedeutung der Lokalpresse betont und damit die Rolle seiner eigenen Zeitung hervorgehoben. Sein Fazit hatte damals gelautet: „Der Lokalpresse gehört das heimische Feld!"[97] Obwohl auch weiterhin regionale Meldungen in seinem Blatt erschienen, kehrte sich das Verhältnis von lokalem zu überregionalem Inhalt während des Krieges indessen um.

Später erschienen „Letzte Nachrichten", eine Rubrik, in der Todesfälle gemeldet wurden. Diese Meldungen wurden meist von der Nachrichtenagentur „Wolffs Telegraphisches Bureau" (WTB) übernommen. Ein Beispiel dafür ist die Nachricht vom Tod des rumänischen Königs Karol am 10. Oktober 1914.[98] Andere Nachrichten dieses Ressorts stammten aus der Frankfurter Zeitung oder aus Privattelegrammen.[99] Doch es wurden nicht ausschließlich Todesfälle bekanntgegeben, sondern etwa auch die auch die Nachricht, dass die Kaiserin Auguste

---

[93] Beispielsweise: WZ Nr. 66, 18. August 1915, S. 4.
[94] WZ Nr. 64, 12. August 1914, S. 1.
[95] Vgl. „Aus Stadt und Land", WZ Nr. 75, 19. September 1914, S. 1.
[96] Letztmals findet sich der Hinweis in der WZ Nr. 82, 14. Oktober 1914; am 17. Oktober 1914 erschien die Zeitung erstmals ohne diesen Hinweis, vgl. WZ Nr. 82, 14. Oktober 1914; WZ Nr. 83, 17. Oktober 1914.
[97] WZ Nr. 21, 15. März 1911.
[98] WZ Nr. 87, 31. Oktober 1914, S. 4.
[99] Ebd., S. 3.

1 Die Windecker Zeitung und ihr Gründer   29

Viktoria Verwundete in Lazaretten besucht habe, wurde in dieser Rubrik verbreitet.[100]

Schließlich bot die Windecker Zeitung ihren Abonnenten die Möglichkeit, sich in Form von Leserbriefen zu erschienenen Artikeln oder Themen, die ihnen am Herzen lagen, zu äußern. Heute lässt sich nicht mehr nachvollziehen, welche Maßstäbe der Herausgeber bei der Auswahl der veröffentlichten Briefe zugrunde legte. Allerdings scheint eine Veröffentlichung nur unter der Voraussetzung erfolgt zu sein, dass die Briefe mit Namen unterzeichnet waren. So wandte sich Wilhelm Scheer in der Windecker Zeitung vom 8. August 1914 direkt an den Verfasser oder die Verfasserin eines offenbar nicht unterzeichneten Briefes und erklärte, er werde keine anonymen Zuschriften in sein Blatt aufnehmen. Zwar werde das Briefgeheimnis gewahrt, doch müsse er selbst wissen, von wem der Brief stamme. Daher bat er die Person „S.": „Geben Sie uns Ihren Namen an, dann steht der Aufnahme nichts im Wege."[101] Diesen Grundsatz vertrat Scheer bereits seit der Gründung seiner Zeitung, denn im Januar 1909 wandte er sich an „den Herrn Einsender", der der Zeitung eine Notiz habe zukommen lassen, und erklärte diesem, er könne keine Texte von anonymen Verfassern übernehmen.[102] Nur die wenigsten Zuschriften wurden unter Angabe des Namens des Verfassers abgedruckt. Diejenigen, die es bevorzugten, anonym zu bleiben, unterzeichneten ihre Beiträge statt mit Klarnamen mit Initialen oder selbstgewählten Sobriquets[103]; teilweise verzichteten die Schreiber gänzlich auf Hinweise zu ihrer Identität.[104] In vielen Fällen wurde auf Leserbriefe von anderen Lesern in Form von weiteren Zuschriften reagiert, die dann in der folgenden Ausgabe veröffentlicht wurden.[105]

Offenbar benötigte Scheer bald weitere Hilfe in der Druckerei. Seit Januar 1909 inserierte er wiederholt eine Stellenanzeige, mit der er nach einem Lehrling mit „guter Schulbildung" suchte.[106] Ob Scheer einen Lehrling fand, wird aus der Zeitung nicht ersichtlich. Dafür erschien ab dem 20. März 1909 ein weiterer Name unter dem Anzeigenbereich der Windecker Zeitung: Wilhelm Oswald wurde fortan im Impressum als „verantwortlicher Redakteur" angegeben.[107] Oswald war

---

[100] WZ Nr. 88, 4. November 1914, S. 4.
[101] WZ Nr. 63, 8. August 1914, S. 4.
[102] WZ Nr. 9, 30. Januar 1909, S. 1.
[103] Die Sobriquets waren meist an das Thema der Anfrage oder des Briefes angelehnt. So stellte beispielsweise ein Leser als „Ein Aengstlicher" die Frage, ob es einer Genehmigung bedürfe, um eine Schusswaffe mit sich zu führen („Briefkasten", WZ Nr. 1, 26. September 1908, S. 1); „Einer fuer Alle" beziehungsweise in der Fortsetzung des Briefes „Ein Enkel von einem Windecker Bürger" forderte die nutzungsberechtigten Windecker Bürger auf, wegen des Krieges auf ihr „Bürgerholz" zu verzichten („Eingesandt", WZ Nr. 73, 12. September 1914, S. 1, Nr. 74, 16. September 1914, S. 4).
[104] WZ Nr. 82, 14. Oktober 1914, S. 1.
[105] WZ Nr. 73, 12. September 1914, S. 1, Nr. 74, 16. September 1914, S. 4.
[106] „Anzeigen", WZ Nr. 5, 16. Januar 1909, S. 4; vgl. WZ Nr. 16, 24. Februar 1909, S. 4; WZ Nr. 18, 5. März 1910, S. 4.
[107] Ab WZ Nr. 23, 20. März 1909, S. 4.

der Stiefvater[108] von Elisabeth und damit der Schwiegervater Wilhelm Scheers.[109] Von Beruf war er gelernter Schriftsetzer, womit er für Scheer tatsächlich eine fachliche Hilfe in der Druckerei darstellte.[110]

Im November 1912 hörte Oswald offenbar auf, für Scheer zu arbeiten, denn sein Name verschwand aus dem Impressum der Zeitung.[111] Ein Hinweis auf seinen Verbleib wurde nicht gegeben. Möglicherweise zog er zurück nach Darmstadt. Das legen die Eheurkunden seines Stiefsohns Wilhelm Petermann und seines leiblichen Sohnes Rudolf nahe, bei denen Oswald jeweils Trauzeuge war.[112]

Eine wichtige Rolle nahmen in Windecken die beiden evangelischen Pfarrer ein. Entsprechend räumte Scheer ihnen einigen Raum in der Zeitung ein. Wiederholt druckte Scheer Vorträge, die zuvor bei Veranstaltungen gehalten worden waren und Texte, die einer der beiden Windecker Pfarrer, Carl Henß, eigens für den Abdruck in der Zeitung verfasst hatte. Journalistisch gesehen handelte es sich dabei weniger um Rubriken als vielmehr um eine Art Serie, da der Zeitraum der Veröffentlichung eindeutig begrenzt war – die Vorträge wurden in Abschnitte eingeteilt und über mehrere Ausgaben hinweg abgedruckt. Beispiele für diese Serien waren: „Windecken im dreissigjährigen Kriege"[113] oder die „Einführung in die Reformation"[114] von Pfarrer Henß. Der Artikel „Ein historischer Baum im Hanauer Land. Das Wartbäumchen bei Windecken", ein Text, der später als Buch erschien, wurde von Pfarrer Henß ebenfalls in der Windecker Zeitung veröffentlicht.[115]

---

[108] Der erste Ehemann von Margarethe und Vater der erstgeborenen Kinder Margarethe Elisabeth und Wilhelm war am 16. September 1886 in die Vereinigten Staaten nach Philadelphia ausgewandert (vgl. Geburtsurkunde Wilhelm Petermann), galt später als verschollen und wurde schließlich für tot erklärt (mündliche Mitteilung von Eva Scheer in Windecken, 27. Februar 2019). Auch Peter Petermann war Schriftsetzer von Beruf gewesen und damit in der gleichen Branche tätig wie der zweite Ehemann seiner Frau sowie sein späterer Schwiegersohn.

[109] Das zeigt die Traueranzeige für Elisabeth Scheers Mutter, die im Juli 1911 verstarb, WZ Nr. 53, 5. Juli 1911, S. 4, sowie die Danksagung: WZ Nr. 54, 8. Juli 1911, S. 4.

[110] Vgl. Berufsbezeichnung des Vaters: Geburtsurkunde von Rudolf Oswald, Standesamt Darmstadt, Geburtsnebenregister 1896, Eintrag 959, S. 257 (HStA Marburg, Best. 901, Nr. 162). In der Sterbeurkunde Margarethe Oswalds wird Rudolf Oswald als Redakteur und Schriftsetzer bezeichnet.

[111] Letztmals: WZ Nr. 96, 30. November 1915, S. 4.

[112] Eheurkunde Wilhelm und Margareta Petermann geborene Emmerich, Eheurkunde Rudolf und Emma Oswald geborene Götz, Standesamt Darmstadt, Heiratsnebenregister 1921, Nr. 624 (HStA Marburg, Best. 901, Nr. 266).

[113] Veröffentlicht im Februar 1909 ab WZ Nr. 12, 10. Februar 1909, S. 1, Schluss in: WZ Nr. 25, 27. März 1909, S. 1.

[114] Dieser Beitrag ging aus einem Vortrag hervor, den Henß am 8. November 1908 bei einem Familienabend der Kirchengemeinde gehalten hatte, WZ Nr. 14, 11. November 1908 bis WZ Nr. 20, 2. Dezember 1908, jeweils S. 1.

[115] Ab WZ Nr. 26, 31. März 1909 bis WZ Nr. 33, 24. April 1909, jeweils S. 1.

1 Die Windecker Zeitung und ihr Gründer 31

Auch amtlichen Bekanntmachungen wurde in der Windecker Zeitung Raum geboten, und mit dem Ausbruch des Krieges nahmen diese zu. In der Ausgabe vom 1. August 1914 veröffentlichte Scheer die „Mobilmachungs-Bestimmungen" mit logistischen Anweisungen für Einberufene.[116] Ergänzende Bestimmungen, etwa die Aushebung bestimmter Jahrgänge, wurden ebenfalls in den Bekanntmachungen der Zeitung mitgeteilt.[117] Darüber hinaus veröffentlichte Scheer Aufrufe des Roten Kreuzes[118], Bestimmungen über den Post- und Telegraphenverkehr[119], die Feldpost[120], Aufrufe des Vaterländischen Frauenvereins Hanau[121] oder der Windecker Frauenhilfe[122].

Mit dem Krieg zog ein neues Genre in die Windecker Zeitung ein: die Feldpostbriefe.[123] Dies entsprach einer weitverbreiteten Praxis deutscher Zeitungen, die bereits kurz nach Kriegsbeginn aufgenommen wurde. Das Ziel war es, „den direkten Einblick in den soldatischen Alltag" an der Front zu gewähren.[124] Dabei sei es darauf angekommen, „das unverfälschte, das authentische ‚Kriegserlebnis' der Soldaten zu dokumentieren und medial zu präsentieren". Ein weiteres Ziel dieser Veröffentlichungen war es, die „reale wie die gefühlte Distanz zwischen Front und Heimat" zu überbrücken und den Krieg und das Fronterlebnis für die Menschen in der Heimat „authentisch, anschaulich und begreifbar" zu machen. Zu diesem Zweck wurden auch Ausstellungen über den Krieg veranstaltet.[125] Während Soldatenbriefe bei ihrer Veröffentlichung in anderen Zeitungen häufig kommentiert und interpretiert wurden, druckte Scheer die Briefe lediglich mit Informationen zum militärischen Rang und zur Truppeneinheit des Verfassers ab.[126]

Neben Briefen von Windecker Soldaten, die ihm von den Empfängern zur Verfügung gestellt wurden, fanden sich in der Windecker Zeitung auch Briefe, die bereits von anderen Medien abgedruckt worden waren.[127] Im Jahr 1915 wurden daraus regelrechte Serien. Auf der Anzeigenseite der Zeitung wurden, ähnlich

---

[116] WZ Nr. 61, 1. August 1914, S. 1.
[117] Beispielsweise: „Bekanntmachungen", WZ Nr. 63, 8. August 1914, S. 1.
[118] WZ Nr. 67 und 69, 22. und 29. August 1914, jeweils S. 4.
[119] WZ Nr. 61, 1. August 1914, S. 1, sowie: „Beschränkungen für den Post-, Telegraphen- und Fernsprechverkehr", in: WZ Nr. 62, 5. August 1914, S. 1; „Aufschrift der Feldpostsendungen", in: WZ Nr. 65, 15. August 1914, S. 1.
[120] WZ Nr. 64, 12. August 1914, S. 2.
[121] „Aufruf zu einem Opfertag", in: WZ Nr. 80, 2. Oktober 1915, S. 4.
[122] „Aufruf zur Sammlung von Liebesgaben für Soldaten, die den Hanauer Ostbahnhof passieren", in: WZ Nr. 37, 8. Mai 1915, S.
[123] „Erstmals: Aus Lüttich", in: WZ Nr. 65, 15. August 1914, S. 4.
[124] Hirschfeld/Krumeich, Deutschland im Ersten Weltkrieg, S. 140; zum Folgenden ebd.
[125] Insbesondere wurden in diesen Ausstellungen eroberte feindliche Geschütze gezeigt. Dies war eine übliche Taktik, um den Sieges- und Durchhaltewillen der Bevölkerung in der Heimat zu fördern, so Standt, Köln im Ersten Weltkrieg, S. 184f.
[126] Vgl. „Der Krieg", Windecker Zeitung, 9. Dezember 1914, S. 4.
[127] „Der Krieg", WZ Nr. 66, 19. August 1914, S. 4.

wie die Romane auf den mittleren Seiten, Briefe über mehrere Ausgaben hinweg fortgesetzt.[128] Diese enthielten teils sogar recht konkrete Beschreibungen des Tagesablaufs der Soldaten. Gemeinsam hatten alle abgedruckten Briefe ihren patriotischen Inhalt. Ein Beispiel dafür ist ein in der Windecker Zeitung im September 1914 unter der Überschrift „Wie ein Soldat den Tod seines Bruders seinen Eltern mitteilt" abgedruckter Brief, der zuvor bereits von der Ostseezeitung veröffentlicht worden war.[129] Der Briefschreiber nutzte zahlreiche patriotische Formulierungen, um die Nachricht zu überbringen. Die Aussage, dass der Bruder den „Heldentod" gestorben sei, sollte dabei helfen, den Verlust erträglicher zu machen. Diese Art der Darstellung war kein Einzelfall. Zugleich war Scheer sehr darauf bedacht, das Bild des Massensterbens an der Front von den Zuhausegebliebenen fernzuhalten. So wurden in der Windecker Zeitung die häufigen Meldungen über gefallene Soldaten als „individuelles Ereignis"[130] präsentiert.

3. Kriegslyrik in der Windecker Zeitung

Seit Kriegsbeginn wurden in der Windecker Zeitung vermehrt Gedichte veröffentlicht. Zwar enthielt das Blatt schon seit der Gründung 1908 immer wieder lyrische Texte, seit dem Kriegsausbruch nahm deren Anzahl aber deutlich zu. Die Länge und die Platzierung der Gedichte in der Zeitung variierten stark. Das erste Gedicht nach dem Kriegsausbruch, verfasst von Heinrich Kurz, dessen Sohn im Krieg kämpfte, umfasste nur vier Verse und erschien auf der Titelseite.[131] Das zweite Gedicht stammte aus der Feder von „S.".[132] Mehrere Ausgaben enthielten Gedichte, die mit „S." unterschrieben waren, so dass anzunehmen ist, dass diese Texte vom gleichen Verfasser stammten. In einem Text verrät „S." zumindest ihr Geschlecht, denn sie schreibt, ihr Gedicht sei ein an die Soldaten gerichteter „warmer Heimatgruß von Frauenhand".[133] Ein weiterer Verfasser von Gedichten unterzeichnete seine Werke mit „D."[134] Andere Gedichte waren mit Klarnamen unterzeichnet, beispielsweise von Johannes Breiholz.[135]

Dass es sich zumindest bei „S." um eine Windeckerin gehandelt haben dürfte, lassen ihre Gedichte vermuten, die häufig einen lokalen Bezug hatten. Die Verse

---

[128] Beispielsweise: „Trotz Frühlingsruhe – immer Bereitschaft", WZ Nr. 36, 37 und 39, 5., 8. und 15. Mai 1915, jeweils S. 4.
[129] WZ Nr. 75, 19. September 1914, S. 1.
[130] Buschmann, Der verschwiegene Krieg, S. 214.
[131] WZ Nr. 63, 8. August 1914, S. 1.
[132] WZ Nr. 65, 15. August 1914, S. 4.
[133] WZ Nr. 88, 4. November 1914, S. 1.
[134] WZ Nr. 67, 22. August 1914, S. 1.
[135] Bei Breiholz handelte es sich vermutlich um den „Direktor für vaterländische Schauspielaufführungen und Volkskundeabende" aus Friedberg, der mit seinem Ensemble immer wieder auch in Windecken auftrat; vgl. Rheingauer Bote. Rüdesheimer Zeitung. Organ für Rüdesheim und Umgebung Nr. 123, 19. Oktober 1917, S. 4.

1 Die Windecker Zeitung und ihr Gründer

enthielten nicht nur Anspielungen auf die Stadt und die Region, sondern sogar auf die Windecker Zeitung:

„Schickt man, um euch Krieger zu erfreuen,
Die kleinen Päckchen durch die Post ins Feld,
Wohl mancher, neben andern schönen Sachen,
Auch die ‚Windecker Zeitung‘ erhält."[136]

Dieses Gedicht belegt zudem, dass die Soldaten an der Front neben den Briefen ihrer Angehörigen auch die Zeitung erhielten, um über die Geschehnisse in der Heimat informiert zu werden. Wie Bürgermeister Schlegel in den Bekanntmachungen der Windecker Zeitung erklärte, würden sich die Soldaten sehr darüber freuen, wenn ihnen Zeitungen an die Front gesandt würden. Daher bat er seine Mitbürger darum, die gelesenen Exemplare ihrer Zeitungen im Rathaus abzugeben, damit diese den Soldaten geschickt werden könnten. Dabei dürfe die Windecker Zeitung „nicht vergessen werden".[137] So versandte die Stadt jeden Montag und Donnerstag Zeitungen an die Front[138], also genau an den Werktagen nach Erscheinen der Windecker Zeitung. Durch die Zeitungen hatten die Soldaten die Möglichkeit, sich über die Ereignisse in der Heimat auf dem Laufenden zu halten. Der Blick in die Heimat stellte für die Soldaten ein „Gegen- und Zukunftsbild zum Krieg" dar und damit eine „lebensnotwendige Orientierung in der Lebenswelt Krieg".[139]

Thema der Gedichte war ab August 1914 überwiegend der Krieg und das in unterschiedlichen Varianten. Darüber hinaus enthielten die Gedichte Worte des Dankes[140] oder der Aufmunterung[141], die den Soldaten gewidmet wurden. Für die Gedichte schuf Scheer mit „An unsere Krieger" eine neue Rubrik, die meist auf der ersten, zuweilen auch auf der letzten Seite der Zeitung veröffentlicht wurde.[142]

Lyrische Texte waren nicht nur für die Daheimgebliebenen eine Möglichkeit, ihren Gefühlen Ausdruck zu verleihen. Auch an der Front wurde ausgiebig gedichtet. Julius Bab, ein zeitgenössischer Autor, sprach von einer „poetischen Mobilmachung", die sich durch alle Schichten gleichermaßen gezogen habe.[143] Auch Laien diente der Krieg als Inspiration für Gedichte. Das Volumen der täglich verfassten Gedichte mit Bezug auf den Krieg schätzte Bab auf 50 000. Ein zentrales Thema der Soldatengedichte waren Aufbruchsstimmung[144], Siegeswille oder bestimmte Schlachten, wie etwa die von Lüttich[145].

---

[136] WZ Nr. 88, 4. November 1914.
[137] WZ Nr. 91, 14. November 1914, S. 1.
[138] WZ Nr. 92, 21. November 1914, S. 1.
[139] Buschmann, Der verschwiegene Krieg, S. 217.
[140] „Wir danken", WZ Nr. 77, 26. September 1914, S. 1.
[141] „Trost in schwerer Zeit", WZ Nr. 67, 22. August 1914, S. 4.
[142] Erstmals: WZ Nr. 67, 22. August 1914, S. 1.
[143] Bab, Die Kriegslyrik von heute, Spalte 5.
[144] WZ Nr. 65, 15. August 1914, S. 4.
[145] WZ Nr. 66, 19. August 1914, S. 4.

Häufig befassten sich die Texte mit der Heimat und den dort Zurückgelassenen. In Gedanken an diese verfasste ein Kamerad des Windecker Soldaten Heinrich Muth ein Gedicht, das in der Windecker Zeitung erschien. Muth hatte es an die Redaktion zur Veröffentlichung geschickt. Eine der sechs Strophen lautete:

> „Steh' ich mit der Flint' in der Hand
> Auf Posten Nachts im Feindesland,
> Dann denke ich an Weib und Kind
> Ob sie wohl frisch und munter sind?"[146]

Aber nicht alle Texte waren so ernst. Humoristisch befassten sich einige Soldaten in Russland mit der Problematik der Läuse, die sich unter den Soldaten verbreiteten:

> „Als ich zum Kriege fortgemußt
> Hab' ich nichts von dem Vieh gewußt
> Bis ich nachher so manche Nacht
> Von diesen Läusen aufgewacht.
> (...) Doch für uns ist es keine Schand,
> Denn wir sind hier im Lauseland.
> (...) Die sind hier in jedem Haus
> Vielleicht auch beim Nikolaus."[147]

Das vermehrte Erscheinen von Gedichten in den Zeitungen fiel auch einem Leser der Windecker Zeitung auf, der daraufhin selbst ein Gedicht verfasste, das er mit „Wer ‚Gedichte macht!'" betitelte. Darin machte er sich – selbst die Reimform nutzend – darüber lustig, dass sich neuerdings so viele Gedichte in der Zeitung fanden, denen es seiner Ansicht nach an Qualität mangelte.

> „Hat ein ‚Gedicht gemacht' er schnell,
> Das ihm gefällt zur Stund';
> Die Zeitung ist die Ablad'stell'
> Für all den großen Schund."[148]

Ein anderer Leser trat daraufhin für die Gedichte ein. Dafür nutzte er selbst die Versform. In seinem Schreiben bezog er sich auf ein Gedicht, das in der Weihnachtszeit erschienen war. Dieses sei zwar kein „Meisterstück" gewesen, dennoch habe es ihm Freude bereitet, „Weil's war so gut gemeint".[149]

4. Illustrationen und Karikaturen

Die Abbildungen in der Windecker Zeitung zeigten während des Krieges häufig militärische oder propagandistische Motive. Neben Ausschnitten von Karten, die das Fortkommen der deutschen Armee und die Kriegsschauplätze darstellten[150],

---

[146] WZ Nr. 11, 6. Februar 1915, S. 1.
[147] WZ Nr. 40, 19. Mai 1915, S. 1. Gemeint ist in der letzten Zeile der russische Zar Nikolaus.
[148] WZ Nr. 1, 2. Januar 1915, S. 1.
[149] WZ Nr. 2, 6. Januar 1915, S. 1.
[150] Beispielsweise: WZ Nr. 60, 28. Juli 1915, S. 3.

1 Die Windecker Zeitung und ihr Gründer 35

fanden sich Portraitzeichnungen berühmter Persönlichkeiten[151] oder Karikaturen in der Zeitung. Eine Zeichnung trug den Titel „Großer Sieg der Verbündeten! <u>Ein</u> Deutscher gefangen"[152] – die ausgeschriebene Zahl wurde durch Unterstreichung hervorgehoben, um den ironischen Effekt zu erhöhen.

Abb. 5: Karikatur in der Windecker Zeitung Nr. 54, 7. Juli 1915, S. 3.

Eine andere Karikatur bildete die „Englischen Hilfstruppen" ab.[153] Die dargestellte Gruppe besteht aus vier unterschiedlichen Personen. Die zwei Männer zur Linken wirken exotisch. Sie tragen Turban, möglicherweise einen Dastar; einer der Männer hält einen Speer, der andere eine Art Messer oder Säbel, offenbar ein

---

[151] Beispielsweise vom ehemaligen amerikanischen Außenminister William Bryan, WZ Nr. 57, 17. Juli 1915, S. 3.
[152] WZ Nr. 90, 11. November 1914, S. 2.
[153] WZ Nr. 54, 7. Juli 1915, S. 3.

„Indisches Gorkha-Messer".[154] In der Mitte, mit breiter Hüfte, ist eine Frau zu sehen. Der Mann zur Rechten stützt sich auf einen Stock, raucht Pfeife und ist mit einem Stein bewaffnet. Über seinem Kopf steht das Wort „Pöbel". Die Darstellung legt einerseits nahe, dass die englischen Hilftruppen aus unzivilisierten Ländern stammen; zum anderen vermittelt die Karikatur den Eindruck, dass die Briten am Ende ihrer Kräfte sind, da sie auf Frauen und die Unterschichten zurückgreifen müssen.

5. Anzeigen in der Windecker Zeitung

Die gewerblichen Anzeigen nahmen in der Windecker Zeitung von Anfang an einen festen Platz ein und wurden regelmäßig auf Seite 4 des Blattes veröffentlicht. Bereits kurz nach der Gründung seiner Zeitung gelang es Wilhelm Scheer, auch Besitzer weiter entfernter Geschäfte als Anzeigenkunden zu gewinnen. So wurden bald die Inserate von Hanauer Firmen wie „S. Wronker & Co.", „K. J. Cahn" und „J. Herrmann G.m.b.H. Hanau" zu festen Bestandteilen der Windecker Zeitung. Die Anzeigenwerbung war für Zeitungsmacher von eminenter Bedeutung, denn sie finanzierten ihre Blätter zu einem großen Teil durch Werbeeinahmen und konnten so die Preise für die Abonnenten niedrig halten.[155] Zwar wurde der Preis der Windecker Zeitung niemals gesenkt, er stieg aber auch kaum an – was sicherlich darauf zurückzuführen ist, dass Scheer seine Kosten durch Anzeigen decken konnte, die Auslagen also nicht auf seine Abonnenten umlegen musste. Der Preis, den Scheer zu Beginn seiner Herausgeberschaft für Annoncen festgelegt hatte, blieb bis zur Einstellung der Zeitung bestehen. Er betrug bei Anzeigen „für die fünfgespaltene Petitzeile" 10 Pfennig und bei Werbeanzeigen 20 Pfennig je Zeile.[156]

Je nach Ausgabe variierte der Umfang der Anzeigen. Zumeist nahmen die Inserate jedoch den Großteil der letzten Seite ein. Zwischen 1911 und 1913 belegten die Anzeigen in den meisten Ausgaben die komplette Seite und teilweise sogar einen Teil des Titelblatts. Insbesondere war dies im Frühjahr und in der Weihnachtszeit der Fall, wenn die Geschäfte für neu eingetroffene Waren und Weihnachtsgeschenke warben. Zusätzlich hatten die Geschäftsleute die Möglichkeit, ihre Inserate den Beilagen anzufügen, die mit der Zeitung ausgetragen wurden. Diese Beilagen enthielten in der Regel zahlreiche kleinere Anzeigen, einige Geschäfte schalteten aber auch ganzseitige Werbeinserate.[157] Zuweilen wurden auch umfangreiche „Preisverzeichnisse" als eigene Beilage mit der Zeitung ausgetragen. Besonders an Samstagen wurden besonders viele Anzeigen

---

[154] Hiervon wurde zuvor ebenfalls eine Zeichnung veröffentlicht, WZ Nr. 22, 17. März 1915, S. 3.
[155] Rutner, „Die deutsche Frau trägt ein deutsches Korsett!", S. 12.
[156] WZ Nr. 1, 26. September 1908, S. 1 – WZ Nr. 93, 24. November 1915, S. 1.
[157] Exemplarisch: Anzeige von Wilhelm Scheer, Beilage zur WZ Nr. 21, 15. Dezember 1908, S. 2; sowie Beilage zur Nr. 98 der Windecker Zeitung, 10. Dezember 1910, S. 4; Anzeige von Lang & Hasselbaum, Beilage zur WZ Nr. 40, 20. Mai 1914, S. 2.

1 Die Windecker Zeitung und ihr Gründer

geschaltet, was gewiss damit zusammenhängt, dass an Wochenenden traditionell mehr eingekauft wird.

Allerdings wurde der Anzeigenbereich nicht nur von Geschäftsleuten genutzt. Auch Privatpersonen schalteten häufig Inserate in der Windecker Zeitung. Die Anzeigen konnten dabei unterschiedlicher nicht sein. Neben Traueranzeigen[158] und Danksagungen nach Beerdigungen[159], Jubiläen[160] oder Hochzeiten[161] wurden Gegenstände zum Verkauf angeboten, aber auch ganz andere Botschaften vermittelt. Darunter waren Gesuche nach Wohnungen[162], Stellengesuche und Stellenangebote[163] oder sogar Heiratsgesuche[164] und Vermisstenanzeigen[165]. Unter den Privatinseraten finden sich auch Kuriositäten: Am 13. Januar 1909 warnten Wilhelm Stroh und seine Ehefrau davor, ihrem Sohn Heinrich „etwas zu leihen oder zu borgen", da das Ehepaar dafür nicht aufkommen werde.[166] Der Sohn selbst reagierte in der folgenden Ausgabe mit einer eigenen Anzeige, in der er angab, dass er „nichts zu leihen oder zu borgen, und auch nicht das Kassenbuch meines Großvaters anzugreifen brauche".[167]

---

[158] Beispielsweise: Todesanzeige für Susanna Kropp (geborene Zimmermann), vgl. „Anzeigen", WZ Nr. 14, 17. Februar 1909. Auch für verstorbene Kleinkinder wurden derartige Anzeigen aufgegeben, erstmals durch Georg Emmerich und seine Ehefrau, die den Tod ihres Sohnes Georg im Alter von nur zehneinhalb Monaten betrauerten, vgl. „Anzeigen", WZ Nr. 16, 24. Februar 1909, S. 4.

[159] Erstmals durch Philipp Muth und seine Ehefrau, die ihr Kind verloren hatten, vgl. WZ Nr. 12, 10. Februar 1909.

[160] Beispielsweise: Danksagung zur Silbernen Hochzeit, „Anzeigen", WZ Nr. 15, 20. Februar 1909.

[161] Eine solche schaltete beispielsweise das frisch getraute Ehepaar Karl und Marie Westphal (geborene Pfeiffer): WZ Nr. 4, 7. Oktober 1908, S. 4. Die „Standesamtlichen Nachrichten" der folgenden Ausgabe, in denen die Trauung der beiden verkündet wurde, gibt darüber hinaus Aufschluss über das Datum (die Eheschließung erfolgte am 3. Oktober), den Beruf des Ehemanns (Landwirt) sowie Zweitnamen. Als Namen werden hier „Karl Joh." und „Marie Elisabetha" genannt; vgl. WZ Nr. 5, 10. Oktober 1908, S. 4. Durch diese Informationen wurden Verwechslungen ausgeschlossen, denn es gab seinerzeit noch mindestens einen weiteren Karl Pfeiffer, der als Sattler und Tapezierer arbeitete, wie ein Inserat seines Gewerbes in der Zeitung belegt; vgl. WZ Nr. 5, 10. Oktober 1908, S. 4, sowie das Aufgebot der beiden in: WZ Nr. 1, 26. September 1908, S. 4.

[162] Erstmals: „Anzeigen", WZ Nr. 6, 14. Oktober 1908, S. 4, siehe auch: „Anzeigen", WZ Nr. 16, 24. Februar 1909, S. 4.

[163] Am 16. Januar 1909 inserierte der Schmied Clarius, er suche einen „kräftigen Lehrling"; vgl. „Anzeigen", WZ Nr. 5, 16. Januar 1909, S. 4; dieselbe Annonce wiederholte Scheer mehrfach, u. a.: „Anzeigen", WZ Nr. 13, 13. Februar 1909, S. 4.

[164] Beispielsweise: WZ Nr. 4, 7. Oktober 1908, S. 4.

[165] WZ Nr. 75, 19. September 1914, S. 4.

[166] „Anzeigen", WZ Nr. 4, 13. Januar 1909, S. 4.

[167] „Anzeigen", WZ Nr. 5, 16. Januar 1909, S. 4.

Häufig warb Scheer für seine eigenen Angebote im Anzeigenbereich der Windecker Zeitung, was Rückschlüsse auf sein Sortiment zulässt. Neben Schreib- und Schulartikeln bot er auch Spielsachen an.[168] In den Anfangsjahren seines eigenen Geschäfts führte Scheer in der Weihnachtszeit sogar eine eigene Ausstellung an Spielwaren, die er Eltern, die noch nicht wussten, was sie ihren Kindern zu Weihnachten schenken sollten, in der Zeitung anpries.[169] Aber auch ein Besuch „ohne Kaufzwang" war „gerne gestattet".[170] In den Jahren 1909, 1910 und 1911 wiederholte er die Ausstellung.[171] Im Jahr 1912 inserierte er zwar ebenfalls Spielwaren vor Weihnachten, allerdings als „spottbillig" im „Ausverkauf" und ohne den Kontext einer Ausstellung.[172]

Mit dem Krieg veränderte sich auch einiges im Anzeigenbereich der Zeitung. Während die Werbung in vielen anderen Blättern bereits kurz nach dem Kriegsausbruch dauerhaft zurückging[173], verzeichnete die Windecker Zeitung zwar unmittelbar nach Kriegsbeginn einen Einbruch im Anzeigenvolumen[174], erreichte aber nach kurzer Zeit wieder das vorherige Niveau. Es ist möglich, dass Scheer in der Anfangszeit seine Priorität darauf legte, die große Informationsflut an die Leser weiterzugeben und daher der Werbung weniger Platz einräumte. Eine Erklärung dafür, dass kein signifikanter Rückgang der Anzeigenwerbung stattfand, dürfte darin bestehen, dass diese mit für gewöhnlich einer halben bis einer ganzen Seite einen vergleichsweise geringen Umfang hatte.[175] Außerdem inserierte Scheer häufig für sein eigenes Ladengeschäft. Dies tat er zum einen, wenn er Neuheiten bewarb, zum anderen aber wohl auch, wenn er noch freien Platz in der Zeitung hatte.[176] Der wichtigste Grund dafür, dass sich in der Windecker Zeitung kein

---

[168] WZ Nr. 25, 19. Dezember 1908, S. 4; dieses Angebot wiederholte er in: Beilage zur WZ Nr. 98, 10. Dezember 1910.

[169] Ebd.

[170] Beilage zur WZ Nr. 21, 5. Dezember 1908, S. 2.

[171] Beilage zur WZ Nr. 97, 4. Dezember 1909, S. 2; Beilage zur WZ Nr. 96, 1. Dezember 1909, S. 2; WZ Nr. 102, 22. Dezember 1910, S. 4; WZ Nr. 95, 30. November 1910, S. 4; Beilage zur Nr. 98 der Windecker Zeitung, 10. Dezember 1910, S. 4; Beilage zur WZ Nr. 98, 9. Dezember 1911, S. 2.

[172] Beilage zur WZ Nr. 100, 14. Dezember 1912, S. 4; siehe auch: WZ Nr. 102, 21. Dezember 1912, S. 1.

[173] Vgl. Rutner, „Die deutsche Frau trägt ein deutsches Korsett!", S. 19.

[174] Die ersten Ausgaben im August enthielten hauptsächlich kleinere Inserate, die meist deutlich weniger als die Hälfte der letzten Seite einnahmen.

[175] Diese Aussagen lassen sich jedoch nur für die Zeitung selbst treffen. Häufig reichte Scheer unmittelbare Beilagen zu seiner Zeitung dazu. Diese enthielten größtenteils Werbung. Da es in den entsprechenden Ausgaben der Zeitung keine Hinweise darauf gibt, ob eine Beilage mitgereicht wurde, kann heute nicht mehr nachvollzogen werden, ob das Anzeigenvolumen in der Kriegszeit zurückging, oder ob diese schlicht nicht erhalten sind.

[176] Nicht immer schalteten Privatpersonen und Firmen genügend Inserate, um den Anzeigenbereich auszufüllen. Da die Inserate unterschiedlich groß waren und von einem Einzeiler bis zu mehreren Zentimeter Höhe und Breite variierten, bildeten sich zwi-

1 Die Windecker Zeitung und ihr Gründer

starker Rückgang des Anzeigengeschäfts feststellen lässt, war gewiss die Tatsache, dass die Zeitung Ende 1915 eingestellt wurde und somit nicht von den nachfolgenden Ursachen für den Anzeigenschwund betroffen war. Sabrina Rutner zählt in ihrem Buch unterschiedliche Gründe auf, die zum Rückgang des Anzeigenvolumens beitrugen.[177] Dazu gehörten vor allem Verbote von bestimmten Inseraten: So sollten ab November 1915 „Artikel des Heeresbedarfs" nicht mehr beworben werden, um zu verhindern, dass der Feind daraus Informationen erschließen konnte.[178] Genau diese Inserate nahmen in der Windecker Zeitung im ersten Kriegsjahr einen großen Stellenwert ein.

Auch die Anzeigen von Scheers eigenem Geschäft erfuhren Veränderungen. Zwar schaltete er weiterhin Inserate für Waren, die mit dem Krieg nichts zu tun hatten, immer häufiger waren es jedoch Artikel wie Feldpostkarten oder Kartons für Liebesgaben, die explizit damit beworben wurden, für den Versand an die Front geeignet zu sein. Zunehmend nahmen die Geschäftsinhaber in ihren Anzeigen auf den Krieg Bezug. Überschrieben mit dem Hinweis „Für Liebesgaben" bewarb K. J. Cahn aus Hanau Ende September 1914 die Herbstneuheiten.[179] Der Hersteller von „Kaiser's Brust Caramellen" schaltete in zahlreichen Medien eine identische Anzeige, die versprach, die Bonbons seien jedem Soldaten willkommen.[180] Während der Text übereinstimmte, wurde in den Inseraten jeweils angegeben, bei welchem lokalen Händler die Bonbons verfügbar waren.[181] In Windecken war das „J. Stoll" oder alternativ „in Apotheken".[182]

Feldpostpakete und Briefe nahmen in den Anzeigenbereichen einen großen Raum ein. Am 21. Oktober 1914 warben gleich mehrere Firmen in der Windecker Zeitung mit derartigen Produkten. „Ch. J. Lossow, Hanau" inserierte seine Feldpostpakete mit Schokolade und Pfefferminz oder mit Drops in verschiedenen Preisklassen. „J. Hermann G.m.b.H. Hanau" bot ebenfalls Artikel für Feldpostpakete

---

schen den bestellten Annoncen Lücken. Diese füllte Scheer mit seinen eigenen Anzeigen. Im August 1914 warb Scheer in beinahe jeder Ausgabe für eigene Produkte, teilweise mit mehreren Inseraten. Entsprechend fallen die Anzeigen Scheers deutlich auf. Er warb dreimal für „Gummi-Bälle", je zweimal für „Briefkassetten" und für „Feldpostkarten und Briefumschläge zu Feldpostbriefen" sowie viermal für „Visitenkarten" und einmal für „Drucksachen aller Art" und „Anmeldezettel für die Stadt". Diese Anzeigen hatten unterschiedliche Formate, sodass Scheer abhängig von der Größe der Lücke aus ihnen auswählen konnte.

[177] Rutner, „Die deutsche Frau trägt ein deutsches Korsett!", S. 18f., insbesondere Anm. 11.
[178] Ebd.
[179] WZ Nr. 78, 30. September 1914, S. 4.
[180] Beispielsweise: WZ Nr. 81, 10. Oktober 1914, S. 4; siehe auch: „Anzeigen", WZ Nr. 83, 17. Oktober 1914, S. 4.
[181] Exemplarisch: Oberurseler Bürgerfreund Nr. 14, 4. Februar 1915, S. 4; Landskrone. Oppenheimer Kreisblatt. Amtliches Anzeigeblatt für die Bekanntmachungen Großh. Kreisamts, des Großh. Amtsgerichts und anderer Behörden Nr. 40, 3. April 1915, S. 4.
[182] Beispielsweise: WZ Nr. 97, 9. Dezember 1914, S. 4.

an und sprach eine Empfehlung für die eigenen Produkte aus, darunter für „gestrickte Militärwesten", Ohrenschützer oder „wasserdichte Unterkleidung".[183] Das in Hanau ansässige Geschäft „S. Wronker & Co." warb in der Windecker Zeitung damit, Frontbedarf im Laden zu führen. Die Anzeige enthielt eine lange Liste, die die unterschiedlichsten Produkte von „Pulswärmern" bis „Feldflaschen" umfasste.[184]

Abb. 6: Anzeige für „Liebesgaben", Windecker Zeitung Nr. 92, 21. November 1914, S. 4.

Die Bewerbung der Produkte wurde emotionalisiert. So handele es sich bei „Taschenlampen in Feldpostpackung" um ein „praktisches Weihnachtsgeschenk" für die Soldaten.[185] Empfohlen wurde das Produkt von Friedel Kurz. Diese Angabe ist doppeldeutig, denn Friedel Kurz besaß ein eigenes Geschäft in Windecken, kämpfte aber selbst im Krieg, war also abwesend. Entsprechend könnte mit der Angabe sein Ladengeschäft gemeint sein, doch ebensogut auch eine persönliche Empfehlung des Soldaten. Diese Zweideutigkeit könnte durchaus beabsichtigt gewesen sein, denn durch sein Geschäft war Kurz seinen Mitbürgern bekannt, und seine Rolle als Geschäftsmann und Soldat dürfte seiner Empfehlung gleich doppeltes Gewicht verliehen haben.

---

[183] WZ Nr. 84, 21. Oktober 1914, S. 4.
[184] WZ Nr. 83, 17. Oktober 1914, S. 4.
[185] Anzeige für „Militärstrümpfe" geschaltet von J. Hermann, WZ Nr. 93, 25. November 1914, S. 4.

Ein wichtiges Mittel der Werbenden war es, Nähe zu den Soldaten zu generieren, indem Produkte als „Liebesgaben", „unentbehrlich"[186] oder „für unsere Krieger" beworben wurden.[187] Derartige Schlagwörter wurden häufig als besonders große Überschriften hervorgehoben, um die Aufmerksamkeit des Betrachters direkt darauf zu lenken. Scheer machte sich diese Werbestrategien für sein eigenes Geschäft zu eigen. Als „unentbehrlich für jeden Krieger!" inserierte Scheer Ende Januar 1915 „Glühstoff-Taschen" und „Brustwärme-Oefchen".[188] „Für unsere Krieger"[189] bewarb er Schweizer Schokolade.[190] Andererseits wurde häufig die deutsche Herkunft von Produkten positiv hervorgehoben. Einer der Beweggründe hierfür war die Angst davor, dass ausländische Waren der deutschen Industrie schaden könnten.[191]

In den Anzeigen wurde immer öfter betont, dass die Produkte „billig" seien.[192] Häufig wurde dies in den Zusammenhang mit der Knappheit bestimmter Rohstoffe gestellt.[193] Einige Unternehmen gaben an, sie hätten ihre Lager noch vor dem Krieg gefüllt und könnten ihre Waren daher „zu bisherigen Preisen" verkaufen.[194] In einem Brief an die Kunden betonte die Firma K. J. Cahn, der Räumungsverkauf im Geschäft werde „trotz des Krieg's [sic]" wie gewohnt stattfinden. Dabei würden auf die „an sich schon billigen Preise nochmals erhebliche Nachlässe" gewährt.[195] In derselben Offerte wurden den Kunden Produkte für die „Ein-Pfund Feld-Paketwoche" vom 11. bis zum 17. Januar empfohlen. So bot das Geschäft „besonders billig Militärartikel aller Art" an; dazu gehörten Knie- und Pulswärmer, Lungenschützer, Leibbinden, Kopfschützen oder Fußschlüpfer.[196] Durch Kästen wurden die Produkte „Wasserdichte Gummiwesten", „Gestr[ickte] Westen" und die „Armee-Schutz-Hose ‚Endlich trocken'" hervorgehoben.[197] Die Annonce ist ein gutes Beispiel für die Werbestrategie: Die Produkte versprachen unter anderem Schutz vor Nässe, Kälte und Krankheit.[198] So wurde den Daheimgebliebenen der Eindruck zu vermitteln versucht, sie könnten durch den Kauf der angepriesenen Waren zum Wohlergehen ihrer Angehörigen im Felde und damit zum deutschen Sieg beitragen.[199]

---

[186] WZ Nr. 90, 11. November 1914, S. 4.
[187] Rutner, „Die deutsche Frau trägt ein deutsches Korsett!", S. 36.
[188] WZ Nr. 9, 30. Januar 1915, S. 4.
[189] WZ Nr. 14, 17. Januar 1915, S. 4.
[190] Produkte aus der Schweiz wurden nicht boykottiert, weil das Land neutral war.
[191] Rutner, „Die deutsche Frau trägt ein deutsches Korsett!", S. 45.
[192] Ebd., S. 54f.
[193] Ebd.
[194] Erstmals: Anzeige für „Henkel's Bleich-Soda", WZ Nr. 67, 22. August 1914, S. 4; vgl. Rutner, „Die deutsche Frau trägt ein deutsches Korsett!", S. 54.
[195] WZ Nr. 3, 9. Januar 1915, S. 4.
[196] Ebd.
[197] Ebd.
[198] Rutner, „Die deutsche Frau trägt ein deutsches Korsett!", S. 40f.
[199] Ebd.

Die Firma „Lang & Hasselbaum" aus Hanau inserierte im Januar 1915, „trotz der enormen Preissteigerung" seien die „bekannt billigen Preise nochmals reduziert" worden.[200] Wurde für die Anzeigen des Waschmittels „Persil" nach Kriegsausbruch zunächst keine neue Werbestrategie entwickelt, fand sich im Februar 1915 erstmals ein neues Inserat. Zuvor wurde vor allem dessen Qualität und Beliebtheit bei deutschen Frauen betont, nun wurde stattdessen hervorgehoben, dass das Produkt nicht von den massiven Preiserhöhungen betroffen sei, die zahlreiche Dinge des alltäglichen Bedarfs betrafen. „Im Krieg wie im Frieden stets volles Gewicht zum alten Preis", versprach die Marke.[201] Auch mit Gratisbeigaben wurde geworben: Wer beispielsweise eine lederne Geldscheintasche erwarb, erhielt drei Lilienmilchseifenstücke „umsonst für unsere tapferen Soldaten" dazu.[202]

Die Dame von Welt sollte sich „deutsch" kleiden – das fing bei der Herkunft der Kleidung an und setzte sich bei den Produktnamen fort. Die Firma J. Hermann aus Hanau bewarb im November 1914 Damenblusen. Die unterschiedlichen Modelle wurden unter anderem nach Orten benannt, an denen die deutschen Truppen erfolgreich Schlachten gefochten hatten. Auffällig ist, dass genau diese Modelle, namentlich „Lüttich" und „Loewen" mit 4,90 Mark und 5,90 Mark deutlich teurer waren als das günstigste Modell „Rom", das eine modische und kriegsunabhängige Bezeichnung trug und nur eine Mark kostete.[203]

Ein Service, den viele Anzeigen enthielten, bestand darin, die Leser (gemeint sind wohl in erster Linie die Leserinnen) über aktuelle Beschränkungen und Angebote für Feldpostsendungen zu informieren.[204] Die Wochen wurden sogar nach den jeweiligen Gewichtsbegrenzungen der Sendungen benannt, beispielsweise „Ein-Pfund Feld-Paketwoche".[205] Scheer kündigte seinen Lesern die aktuellen Grenzen in der Windecker Zeitung an.[206] So meldete er Mitte Januar 1915, dass in der ersten Februarwoche erneut eine „Pfundbrief-Woche" veranstaltet werde.[207] Die Beschränkungen waren dabei nicht komplett starr: Überschreitungen des Höchstgewichts von bis zu 50 Gramm durften die Postbeamten dulden.[208]

---

[200] WZ Nr. 3, 9. Januar 1915, S. 4.
[201] WZ Nr. 12, 10. Februar 1915, S. 4.
[202] WZ Nr. 16, 24. Februar 1915, S. 4.
[203] WZ Nr. 92, 21. November 1914, S. 4.
[204] Beispielsweise: „Feldpostpakete dürfen vom 19. bis 26. Oktober an die Angehörigen im Gewicht bis zu 5 Kilo gesandt werden", Anzeige von J. Herrmann, WZ Nr. 84, 21. Oktober 1915, S. 4; „Für das Pfundpaket", Anzeige von J. Herrmann, WZ Nr. 95, 2. Dezember 1914.
[205] WZ Nr. 5, 16. Januar 1915, S. 1.
[206] Beispielsweise: „Fünf Kilogramm", WZ Nr. 83, 17. Oktober 1914, S. 1; „Fünf Pfund", WZ Nr. 5, 16. Januar 1915, S. 1.
[207] WZ Nr. 5, 16. Januar 1915, S. 1.
[208] WZ Nr. 6, 20. Januar 1915, S. 1.

Kapitel 2

Windecken als Heimatfront

1. Die Stimmung bei Kriegsausbruch

Bis heute ist die Vorstellung verbreitet, es habe 1914 ein sogenanntes „Augusterlebnis" in Deutschland gegeben. Demnach sei die Nachricht vom Kriegsausbruch von der Bevölkerung mit Jubel und voller Nationalstolz aufgenommen worden. Der angebliche „Geist von 1914" wird von Historikern inzwischen aber wesentlich differenzierter beurteilt. Benjamin Ziemann hat sich mit der Vielfalt unterschiedlicher Emotionen im August 1914 befasst und kommt zu dem Schluss, dass es zwar Kriegsbegeisterung gegeben, diese sich jedoch überwiegend auf die „Mitglieder der nationalen Kreise des Bürgertums" konzentriert habe. Die Arbeiterschaft hingegen habe die Nachricht vom Kriegsbeginn vor allem mit Niedergeschlagenheit zur Kenntnis genommen.[1] Für Darmstadt erfasst Michael Stöcker das ambivalente Gefühlsbild des 1. August: Es habe „zweifellos" Kriegsbegeisterung in der Bevölkerung gegeben, „aber eben nicht nur".[2]

In ihrem Aufsatz über den Kriegsalltag in den Dörfern Eichen und Erbstadt geht Katja Alt ebenfalls auf das „Augusterlebnis" ein und sucht nach Begründungen für die Darstellung des Kriegsbeginns als „eine Art nationalpatriotisches, rauschhaftes Erlebnis", obwohl diese Auffassung „in der Forschung schon lange relativiert worden" sei. Dabei kommt sie zu dem Ergebnis, die Stimmung sei „in der Kriegspropaganda" als „Augusterlebnis" oder als „Geist von 1914" zum „'Mythos' stilisiert" worden, „um in späteren Kriegsjahren den Durchhaltewillen der Gemeinschaft aufrecht zu erhalten". Für den Main-Kinzig-Kreis und insbesondere für die beiden Dörfer Eichen und Erbstadt weist Alt nach, dass dort von einer „Kriegsbegeisterung wenig zu spüren" gewesen ist. Im Gegenteil, die Stimmung sei eher als „gedrückt und sorgenvoll" zu bezeichnen.[3] Als Quelle dienen Alt die Pfarreichroniken und weitere zeitgenössische Quellen. Die beiden von ihr untersuchten Gemeinden liegen in unmittelbarer Nähe von Windecken, sodass die Vermutung naheliegt, in Windecken könne der Kriegsbeginn ähnlich aufgenommen worden sein.

In der Pfarreichronik der evangelischen Gemeinde Windecken notierte Metropolitan Gustav Jakob Baumann die Ereignisse des Monats August.[4] Er beginnt seinen Bericht mit einer kurzen Erklärung darüber, wie es zum Krieg gekommen sei. Eingeleitet wird diese Erläuterung mit der „Ermordung des Österreichischen

---

[1] Ziemann, Front und Heimat, S. 39.
[2] Stöcker, Augusterlebnis 1914 in Darmstadt, S. 54.
[3] Alt, Kriegsalltag im Dorf, S. 19.
[4] Pfarr-Chronik für Windecken 1905 bis Mai 1968. Angelegt von Pfarrer Baumann, Archiv der Evangelischen Kirchengemeinde Windecken, S. 13.

Thronfolgers".[5] In der Folge werden in knapper Form die Kriegserklärungen und die Aufrüstung der europäischen Staaten skizziert. Auch Windecken sei „von der ernsten Zeit alsbald mit betroffen" gewesen, und so habe man „in den letzten Tagen des Juli der Entscheidung (…) mit großer Erregung" entgegengesehen.

Dieses Bild von einer aufgeregten Bevölkerung bestätigt die Windecker Zeitung. In der Ausgabe des 1. August 1914 beschrieb Wilhelm Scheer das Verhalten und die Reaktion der Windecker infolge der vorangegangenen Ereignisse. In der Rubrik „Aus Stadt und Land" heißt es unter der Überschrift „Kriegsstimmung in Windecken": „Die politischen Verwicklungen und das Resultat der Entscheidung werden auch von unserer Einwohnerschaft mit regem Interesse beobachtet." Anschließend ging Scheer näher auf dieses „rege Interesse" ein: „Das Gespräch dreht sich nur noch um den Krieg." Doch Scheer nahm noch weitere Veränderungen in der Stadt wahr: „Der sonst des abends [sic] so ruhig daliegende Marktplatz ist jetzt bis zur Mitternachtsstunde belebt. In Gruppen stehen die Leute zusammen und besprechen die Ereignisse des Tages." Sich selbst schien Scheer in dieser Situation in einer besonderen Verantwortung zu sehen. Zu seiner Rolle als Zeitungsmacher schrieb er: „Durch Extrablätter und Anschlag an unserer Aushangtafel haben wir unsere Leser stets auf dem Laufenden gehalten."[6]

Mit Extrablättern entsprachen die Zeitungen dem Verlangen der Bevölkerung nach Informationen. Dieses beschränkte sich aber keineswegs auf Kleinstädte, sondern betraf das ganze Deutsche Reich. Der Hanauer Anzeiger, der sonst nur von Montag bis Samstag erschien, publizierte anlässlich des Kriegsausbruchs am Sonntag, den 2. August 1914, eine weitere Ausgabe.[7] Christoph Nübel weist dieses Informationsbedürfnis unter anderem für die Stadt Münster nach.[8]

Für Scheer endete seine Verantwortung nicht mit der Weitergabe und Verbreitung von Informationen. Er fühlte sich auch dafür verantwortlich, die Menschen nicht zusätzlich zu verunsichern: „Bei der Fülle der uns täglich zugehenden telefonischen Nachrichten haben wir nur die allerwichtigsten veröffentlicht, denn es ist jetzt durchaus nicht angebracht, die Gemüter, die ohnehin schon aufgeregt sind, durch Sensationsnachrichten irre zu machen."[9] Scheer beendete diese Kurznachricht, indem er den Wunsch ausdrückte: „(…) hoffentlich gelingt es unseren Diplomaten noch in letzter Stunde eine Einigung herbeizuführen und so die Gefahren eines Weltkriegs von uns fernzuhalten". Diesen Wunsch formulierte auch

---

[5] Baumann führt die Details nicht näher aus, bezieht sich aber natürlich auf Franz Ferdinand, der mit seiner Gattin am 28. Juni 1914 in Sarajevo einem Attentat zum Opfer fiel.
[6] WZ Nr. 61, 1. August 1914, S. 1.
[7] Hanauer Anzeiger Nr. 178a, Sonderausgabe, 2. August 1914.
[8] Nübel, Die Mobilisierung, S. 80.
[9] WZ Nr. 61, 1. August 1914, S. 1.

2 Windecken als Heimatfront 45

Abb. 7: Der Windecker Marktplatz, Postkarte aufgenommen wahrscheinlich September 1914; Privatbesitz Eva Scheer.

Pfarrer Baumann, der auf Verhandlungen zwischen zwischen dem deutschen Kaiser Wilhelm II. und dem russischen Zaren Nikolaus hoffte.[10]
Benjamin Ziemann gibt an, die Provinzblätter hätten ihre Berichterstattung zu diesem Zeitpunkt größtenteils auf die Ereignisse in Berlin konzentriert. Den Grund dafür sieht er in dem Mangel „an spektakulären Massenansammlungen".[11] Scheer erschienen die lokalen Ereignisse aber offenbar relevant und interessant genug, um näher darauf einzugehen. Gleichwohl ist ein deutlicher Anstieg der Meldungen reichspolitischer Ereignisse zu verzeichnen. Während es vor Kriegsausbruch durchaus üblich war, dass einzelne Ausgaben der Windecker Zeitung nicht eine einzige Meldung aus Berlin enthielten[12], veröffentlichte die Zeitung insbesondere unmittelbar nach dem 1. August beständig mehrere Meldungen aus der Reichshauptstadt. Diese wurden insbesondere in den beiden Rubriken „Der Krieg" und „Aus Stadt und Land" publiziert.

Bereits in den letzten Wochen vor dem Kriegsausbruch hatte sich durch die Julikrise eine „gespannte Atmosphäre" entwickelt, welche durch das österreichische Ultimatum an Serbien vom 23. Juli wohl endgültig eine „Kriegsbesorgnis" auslöste.[13] Die sorgenvolle Stimmung hatte sich also bereits vor dem offiziellen

---

[10] Pfarr-Chronik Windecken, S. 13.
[11] Ziemann, Front und Heimat, S. 40.
[12] Beispielsweise: WZ Nr. 31, 18. April 1914, S. 1–4.
[13] Ziemann, Front und Heimat, S. 41.

Kriegsanfang entwickelt und verbreitet. Auch in Bezug auf diese letzten Tage vor dem Ausbruch des Kriegs decken sich die Erlebnisse und Gefühle der Windecker mit denen von Bürgern anderer Städte im Reichsgebiet. Insbesondere die Beschreibungen von großer Anspannung ziehen sich wie ein roter Faden durch die Quellen zu den letzten Vorkriegstagen und den ersten Tagen nach Kriegsbeginn.[14]

Schließlich erreichte Windecken noch am 1. August „Abends 7 Uhr" die Nachricht, der Kaiser habe die Mobilmachung verordnet.[15] Diese Information wird durch eine weitere Quelle untermauert, da der Pfarrer der benachbarten Gemeinden Eichen und Erbstadt, Karl Wilhelm Castendyck, in der Pfarrchronik notierte, die Nachricht vom Krieg sei dort „nach 6 Uhr" eingetroffen.[16] Die Berichte von Scheer und Pfarrer Baumann vermitteln den Eindruck, die Nachricht von der Mobilmachung habe die Windecker nicht allzu sehr überrascht. Benjamin Ziemann, der die Auswirkungen und Ereignisse des Ersten Weltkriegs im ländlichen Bayern untersucht hat, erklärt, dass „nur in wenigen Gemeinden" die Menschen „so sehr mit Erntearbeiten beschäftigt" gewesen seien, dass die Nachricht von der „Mobilmachung wie ein Blitz aus heiterem Himmel' eingetroffen" sei.[17] Die wenigen Orte, auf die sich Ziemann bezieht, dürften gemeinsam haben, dass sie zu diesem Zeitpunkt nicht nur sehr klein, sondern vermutlich auch recht abgeschieden gelegen waren. Für die kleine bayerische Gemeinde Gaukönigshofen wird von Georg Menig genau das beschrieben. Dort habe die Nachricht vom Krieg die Bewohner bei der Ernte überrascht.[18] Windeckens Lage kann zwar als ländlich beschrieben werden, gleichzeitig befinden sich im nahen Umkreis jedoch mehrere größere Städte, darunter Hanau, Frankfurt, Darmstadt und Offenbach.

Nationale Gefühle waren direkt nach Kriegsausbruch wohl eher untergeordnet, tatsächlich überwog ein Gemisch der unterschiedlichsten Emotionen zwischen Angst, Nervosität, Stolz, Abscheu und Begeisterung.[19] Eine der Ursachen für die „ängstlich-zurückhaltende Reaktion" der Bevölkerung auf den Kriegsausbruch sieht Ziemann in der Befürchtung, dass der Krieg viele Opfer fordern werde.[20] Die überlieferten Erfahrungen aus den napoleonischen Kriegen zu Beginn des 19. Jahrhunderts führten zu der Angst, dass der Krieg mit „Einquartierungen und Verwüstungen" im eigenen Land verbunden sein könnte.[21] Andererseits nahmen viele Menschen an, die Kämpfe könnten spätestens bis Weihnachten beendet sein, eine Vorstellung, die sich aus der Erfahrung des Deutsch-Französischen

---

[14] Geinitz, Freiburg, S. 139.
[15] Pfarr-Chronik Windecken, S. 13.
[16] Castendyck, Kriegschronik der evangelischen Pfarrei Eichen-Erbstadt 1914–1918, S. 54.
[17] Ziemann, Front und Heimat, S. 41.
[18] Menig, Der Große Krieg im kleinen Raum, S. 51.
[19] Flemming, Heimatfront, S. 32f.
[20] Ziemann, Front und Heimat, S. 48.
[21] Ebd.

Krieges von 1870/71 herleitete, der ja nur wenige Monate gedauert hatte.[22] Wilhelm Scheer versuchte mit seiner Berichterstattung zum Optimismus der Bevölkerung beizutragen. Seine Artikel handelten häufig von der Überlegenheit der Deutschen. Angeblich könne kein anderes Heer mit den „über 5 Millionen Mann gut ausgebildeter Truppen", die das Deutsche Reich aufbieten könne, mithalten.[23]
Gleichwohl war in vielen ländlichen Regionen von einer Kriegsbegeisterung wenig zu spüren. Soweit sie überhaupt existierte, konzentrierte sie sich „auf zentrale, symbolisch aufgeladene städtische Orte, sie wurde vornehmlich von bildungsbürgerlichen Eliten propagiert".[24] Die naheliegendste Erklärung für die mangelnde Begeisterung über den Kriegsbeginn ist die Sorge um das Leben von Angehörigen und Soldaten.[25] Auf Seiten der verheirateten Soldaten überwog die Sorge um die eigene Familie.[26] Nur junge ledige Soldaten verspürten teilweise tatsächlich Kriegsbegeisterung und hofften, sich im Krieg beweisen zu können.[27] Einige Frauen fürchteten, in Abwesenheit ihrer Männer ihren Status einzubüßen und in Bezug auf ökonomische Ansprüche nicht mehr so durchsetzungsfähig zu sein.[28] In den ländlichen Regionen war darüber hinaus eine weitere Sorge verbreitet, welche die Städte nicht betraf: Die Bauersfrauen machten sich Gedanken darüber, wie sie allein die Ernte einbringen sollten.[29] Im ganzen Deutschen Reich ging in den ersten Kriegsjahren die Zahl der selbstständigen Bauern zurück, allein in Bayern reduzierte sie sich um 36,3 Prozent.[30] Immer mehr Frauen führten die Betriebe ihrer Männer weiter, andere wurden von Jugendlichen unter 16 Jahren übernommen.[31]
Durch Baumanns Darstellung in der Pfarrchronik ist überliefert, dass sich alsbald Abschiedsstimmung in Windecken ausbreitete.[32] Um den Bürgern die Möglichkeit zu geben, ihre Lieben mit einem Fest zu verabschieden, wurde am 2. August 1914 kurzfristig ein Abschiedsfest in der Kirche organisiert und „eine Abendmahlsfeier für die Soldaten mit ihren Angehörigen" veranstaltet.[33] Am selben Abend fand zudem ein weiterer Gottesdienst „mit noch größerer Beteiligung" statt, so Baumann.[34] Wider Erwarten fand keine dieser Veranstaltungen in der Windecker Zeitung eine Erwähnung. Das Interesse an den Gottesdiensten muss sehr groß gewesen sein, denn es wurde noch ein weiterer Gottesdienst mit

---

[22] Ebd.
[23] WZ Nr. 62, 5. August 1914, S. 2.
[24] Flemming, Heimatfront, S. 33.
[25] Ziemann, Front und Heimat, S. 45.
[26] Ebd., S. 48f.
[27] Ebd.
[28] Ebd., S. 45.
[29] Ebd.
[30] Menig, Gaukönigshofen, S. 88.
[31] Ebd.
[32] Pfarr-Chronik Windecken, S. 13.
[33] Ebd.
[34] Ebd.

Abendmahlsfeier ausgerichtet für diejenigen, die an keiner der vorangegangenen Veranstaltungen hatten teilnehmen können.[35] Die Atmosphäre in Windecken zu diesem Zeitpunkt nahm Baumann als „ernst" wahr.[36] Im Nachbardorf Eichen spielte sich Ähnliches ab. Dort wurde noch am Abend des 1. August ein Abendmahlsgottesdienst abgehalten, den der dortige Pfarrer Castendyck als „erhebende Feier" beschrieb.[37] Noch am Sonntag, den 2. August 1914, verließen reichsweit zahlreiche Militärpflichtige ihre Heimatorte, so auch in Windecken.[38]

2. „Kriegsregeln für die Zuhausebleibenden"

Während die Soldaten an die Front zogen, mussten sich die Menschen in der Heimat auf die neuen Lebensbedingungen im Krieg einstellen. Dazu veröffentlichten seit Anfang August 1914 viele Zeitungen Ratschläge unter der Überschrift „Kriegsregeln für die Zuhausebleibenden".[39] Schließlich wolle nicht nur das Schlachtfeld, sondern auch das eigene Zuhause „Helden sehen".[40] In diesen Artikeln wiesen Scheer und andere Zeitungsmacher auf die schweren Zeiten hin, die folgen würden und gaben ihren Leserinnen und Lesern Verhaltensregeln für die kommende Zeit an die Hand. Diese Regeln betrafen die unterschiedlichsten Lebensbereiche, darunter auch finanzielle und psychologische Aspekte. Die Daheimgebliebenen sollten darauf achten, ihre Familien gesund zu halten, um niemandem „zur Last" zu werden.[41] Auch sollte das eigene Leben geordnet gehalten werden, um „jederzeit Opfer bringen" zu können. Man solle, so fuhr Scheer fort, „nicht mit lauter Siegen" rechnen. „Wenn einmal eine Schlappe kommen sollte", müsse man den „Kopf doppelt steif in den Nacken" setzen.[42]

Die Aufgabe der Bevölkerung bestand darin, sich selbst und die eigenen Bedürfnisse zurückzunehmen und stattdessen Opfer zu bringen, so beschrieb es Scheer in einem Artikel vom Februar 1915. In dieser „Opferzeit" müssten die „persönlichen Wünsche" eines jeden „schweigen". Aus dem Willen heraus, das Vaterland nicht den „gierigen Klauen habsüchtiger Feinde" zu überlassen, habe ein jeder diese Opfer bisher gerne erbracht. Die Jugend habe sich zu Millionen freiwillig in den Dienst des Vaterlandes gestellt, wie Scheer betonte. Im gleichen Artikel appellierte Scheer an seine Mitbürger und ihr Gewissen:

---

[35] Ebd., S. 14.
[36] Ebd., S. 13.
[37] Castendyck, Kriegschronik, S. 54.
[38] Pfarr-Chronik Windecken, S. 13.
[39] In ähnlichem oder identischem Wortlaut in: WZ Nr. 64, 12. August 1914, S. 1; Landskrone. Oppenheimer Kreisblatt. Amtliches Anzeigeblatt für die Bekanntmachungen Großh. Kreisamts, des Großh. Amtsgerichts und anderer Behörden Nr. 95, 13. August 1914, S. 3; Darmstädter Tagblatt Nr. 219, 11. August 1914, S. 2; Oberhessische Zeitung mit dem Kreisblatt für die Kreise Marburg und Kirchhain Nr. 196, 22. August 1914 (Morgenausgabe), S. 2.
[40] WZ Nr. 64, 12. August 1914, S. 1.
[41] Ebd.
[42] Ebd.

„Wollt ihr nach dem Frieden vor jenen erröten müßen, die nicht nur ihr oft kärgliches Hab und Gut, sondern ihre gesunden, kräftigen Gliedmaßen freudig dem Vaterlande zum Opfer brachten, während euch zu gleicher Zeit das Verzichten auf einen Gaumenkitzel zu schwer ward?"[43]

Als Positivbeispiel stellte Scheer in der Windecker Zeitung wiederholt Taten besonders engagierter Patrioten vor, die er seinen Mitbürgern zum Vorbild empfahl. Dabei führte er Beispiele aus der Region und teilweise aus entfernten Städten an. Am 5. August 1914 berichtete er von einer Dame aus Darmstadt, die „eine Brosche (Geschenk des Zaren von Rußland) zum Besten des Roten Kreuzes zur Verfügung gestellt" habe.[44]

3. Die Entwicklung der Bevölkerung

Bereits kurz nach Ausbruch des Ersten Weltkrieges begann die für Kriege typische Praxis der Nottrauungen. Bei Nottrauungen wurde, meist im Zusammenhang mit der Einberufung des Bräutigams, das Aufgebot verkürzt oder entfiel sogar gänzlich.[45] Die Nottrauungen hatten mehrere Motive. Zum einen war es eine romantische Geste der Liebenden in schweren Zeiten. Zum anderen konnten die zum Kriegsdienst Einberufenen so sicherstellen, dass ihre Bräute während des Krieges und im Falle ihres Todes Anspruch auf staatliche Hilfe hatten. Ein Nebeneffekt war zudem, dass die Beziehung durch die Hochzeit amtlich wurde, dies hielt andere Anwärter davon ab, der Frau den Hof zu machen.

Die Windecker Zeitung wies bereits am 12. August 1914 auf die steigende Anzahl von Trauungen in Deutschland hin. Sie bildete eine Zeichnung ab, die eine Schlange junger Paare in ordentlicher Kleidung vor dem Standesamt zeigt, und kommentierte dies mit den Worten: „Von der Einrichtung der Nottrauungen wird auf den Standesämtern in erheblichem Umfang Gebrauch gemacht."[46]

In Windecken selbst scheint es aber zwischen Juli und Dezember 1914 keine einzige Trauung gegeben zu haben, denn das Zivilstandsregister weist keine entsprechenden Einträge auf. Dies auf den Kriegszustand zurückzuführen, wäre jedoch zu kurz gegriffen, denn der Vergleich mit den Registern der Vorjahre zeigt, dass insgesamt nur sehr wenige Trauungen in Windecken stattfanden. Überdies fanden allgemein die meisten Hochzeiten in Windecken zwischen Herbst und Frühjahr statt, während sich im Sommer in vielen Jahren teils lange Lücken ergeben.[47] Das hing möglicherweise damit zusammen, dass wegen der Erntezeit im August und September traditionell nur wenige Hochzeiten angesetzt wurden. Dass Scheer die Thematik der Nottrauungen in seiner Zeitung aufgriff, könnte darauf hindeuten,

---

[43] WZ Nr. 10, 3. Februar 1915, S. 1.
[44] WZ Nr. 62, 5. August 1914, S. 1.
[45] Vgl. Daniel, Arbeiterfrauen, S. 131.
[46] WZ Nr. 64, 12. August 1914, S. 2.
[47] Standesamt Windecken, Heiratsnebenregister 1907–1924, HStA Marburg, Best. 913, Nr. 7564.

Abb. 8: Schlange vor dem Standesamt, Windecker Zeitung Nr. 64, 12. August 1914, S. 2.

dass der Herausgeber die einheimischen Soldaten auf die Möglichkeit einer vorgezogenen Hochzeit aufmerksam machen oder sogar dafür werben wollte.

Im Unterschied zu Windecken zeigt sich bezogen auf das gesamte Reich der Effekt des Kriegsausbruchs auf die Häufigkeit der Eheschließungen indessen sehr deutlich. Die Zahl der Trauungen war im August 1914 im Deutschen Reich mehr als doppelt so hoch wie im gleichen Monat des Vorjahres. Nach diesem durch den Kriegsausbruch ausgelösten „Hochzeitsboom" gab es aber nach kurzer Zeit einen deutlichen Rückgang der Eheschließungen im Vergleich zur Vorkriegszeit. Wurden im Jahr 1913 insgesamt 513 283 Ehen im Deutschen Reich geschlossen, so reduzierte sich diese Zahl im Jahr des Kriegsausbruchs auf 460 608 Ehen, im Jahr 1915 waren es nur noch 278 208, mithin nur noch gut die Hälfte des Vorkriegsniveaus. Erst 1920 stieg die Zahl der Eheschließungen wieder stark an und übertraf mit 844 339 Ehen den Stand von 1913 deutlich.[48]

Betrachtet man die Zahlen für Windecken im Detail, so zeigen sich deutliche Abweichungen vom allgemeinen Muster im Deutschen Reich. Zwischen 1907 und 1909 blieb die Anzahl der in Windecken geschlossenen Ehen relativ konstant, sie schwankte zwischen 10 und 14 Ehen pro Jahr. Im Jahr 1910 stieg die Anzahl auf 15 Eheschließungen, 1911 waren es sogar 18, 1912 waren es 14 Eheschließungen. Besonders ist jedoch, dass in Windecken bereits 1913 ein Einbruch zu verzeichnen ist, denn in diesem Jahr wurden nur sechs Paare getraut. Im Folgejahr gab es also trotz des Kriegsausbruchs 9 Eheschließungen und damit mehr Trauungen als 1913, und das, obwohl in der Stadt selbst keine Kriegs-

---

[48] Daniel, Arbeiterfrauen, S. 129f.

trauungen stattfanden.[49] Einige Paare ließen sich jedoch in anderen Standesämtern trauen: So heiratete die Windeckerin Katharina Maria Heil ihren Bräutigam, den Landwirt und Metzger Heinrich Euler aus Marköbel, außerhalb der Stadt. Die standesamtliche Trauung fand am 9. August 1914 in Hanau statt.[50] Das Aufgebot hatte das Paar am selben Tag bestellt[51], es handelte sich also offenbar um eine Nottrauung kurz vor der Abreise des Bräutigams zur Armee. Sogar eine kirchliche Trauung fand am selben Tag in Hanau in der Marienkirche statt.[52] Im Laufe des August gab es in Hanau zwei weitere kirchliche Kriegstrauungen.[53]

Für die folgenden Jahre findet sich im Register des Windecker Standesamts ebenfalls kein Hinweis auf Kriegstrauungen und das, obwohl es sich teilweise offenbar um solche handelte: Im Gießener Anzeiger wurde im März 1917 eine Vermählungsanzeige für den Vizefeldwebel Karl Hirschhäuser und Frau Lidda Hirschhäuser, geborene Koppe, veröffentlicht, mit dem Hinweis, sie seien „kriegsgetraut" worden.[54] Im Windecker Zivilstandsregister existiert zwar die entsprechende Urkunde, allerdings ohne den Hinweis auf eine Kriegstrauung.[55] Die Eheschließung von Karl Hirschhäuser fand offenbar statt, während er auf Heimaturlaub war, denn bereits 1914 wurde er im „Weihnachtsgruß" unter den Windeckern aufgeführt, die sich im Feld befanden.[56]

Von den neun Windecker Trauungen des Jahres 1914 fanden sechs vor dem Kriegsausbruch statt und waren damit eindeutig von diesem unabhängig.[57] 1915 fanden lediglich zwei Trauungen statt[58], 1916 immerhin sechs[59], 1917 waren es acht[60] und 1918 wiederum nur drei.[61] Nach Kriegsende schnellte diese Zahl deutlich in die Höhe: 1919 heirateten 26 Paare.[62] Damit kam Windecken der reichsweiten Entwicklung sogar zuvor, denn dort machte sich der Aufwärtstrend erst

---

[49] Standesamt Windecken, Heiratsnebenregister 1907–1924, HStA Marburg, Best. 913, Nr. 7564.
[50] Eheurkunde des Paares, Standesamt Hanau, Heiratsnebenregister 1914, HStA Marburg, Best. 913, Nr. 1863, Nr. 232, Blatt 53.
[51] Ev. Kirchengemeinde Windecken, Trauungsbuch 26.11.1882 bis 31.12.1925, S. 136, Eintrag 433, 9. August 1914.
[52] Ebd.
[53] Ebd., S. 135ff.
[54] Gießener Anzeiger Nr. 61, 13. März 1917 (Zweites Blatt), S. 4.
[55] Eheurkunde Karl und Lidda Hirschhäuser, Standesamt Windecken, Heiratsnebenregister 1907–1924, HStA Marburg, Best. 913, Nr. 7564, Nr. 1/1917.
[56] Weihnachtsgruß an Windeckens Krieger 1914, S. 7, Archiv der Evangelischen Kirchengemeinde Windecken.
[57] Standesamt Windecken, Heiratsnebenregister 1907–1924, HStA Marburg, Best. 913, Nr. 7564, Jahr 1914, Blatt 9.
[58] Ebd., Jahr 1915, Blatt 1–3.
[59] Ebd., Jahr 1916, Blatt 1–6.
[60] Ebd., Jahr 1917, Blatt 1–8.
[61] Ebd., Jahr 1918, Blatt 1–3.
[62] Ebd., Jahr 1919, Blatt 1–26.

ein Jahr später deutlich bemerkbar.[63] 1920 stiegen die Trauungen auf einen weiteren vorläufigen Jahrhundertrekord: 37 Eheschließungen verzeichnet das Windecker Standesamt in diesem Jahr.[64]

Der Krieg hatte schon nach kurzer Zeit erhebliche Auswirkungen auf die Geburtenrate. Die Zahl der Geburten sank stark ab, was wohl in erster Linie auf die Abwesenheit der zur Armee einberufenen Männer zurückzuführen ist. Hinzu kamen weitere kriegsbedingte Umstände, darunter die finanzielle Belastung, die ein (weiteres) Kind für Familien bedeutete. In Anbetracht dessen verzichteten auch Paare, die durchaus noch einen Kinderwunsch hatten, aus finanziellen Gründen während des Krieges auf die Vergrößerung ihrer Familie. In den Städten sank die Geburtenrate dabei noch wesentlich stärker als im ländlichen Raum. Ute Daniel führt dies unter anderem auf die „in Städten weiter verbreitete Praxis der Empfängnisverhütung bzw. Abtreibung" zurück.[65] Weiterhin gab es auch emotional begründete Entscheidungen gegen (weitere) Kinder: Viele Eheleute hielten „die Kriegsgesellschaft nicht als das geeignete Umfeld für Kinder".[66] Der Staat bemühte sich während des Krieges darum, dieser Entwicklung entgegenzuwirken. Als ein Mittel dafür kann der Heimaturlaub der Soldaten angesehen werden, dem, so Daniel, aus Sicht der Regierung ein bevölkerungspolitisches Motiv zugrunde lag.[67]

Auch in Windecken zeigen sich die demographischen Auswirkungen des Krieges in der Geburtenstatistik. Im Jahr 1912 wurden in Windecken 39 Kinder geboren. Im Jahr darauf waren es nur 29, im Jahr 1914 immerhin 41, doch im zweiten Kriegsjahr halbierte sich diese Zahl beinahe: 1915 kamen in Windecken nur noch 21 Kinder zur Welt. In den folgenden Jahren ging die Geburtenzahl weiter zurück: 1916 wurden 18 Kinder geboren, 1917 waren es 16, und im letzten Kriegsjahr 1918 wurde mit nur 13 Neugeborenen der Tiefpunkt erreicht, das entsprach weniger als 50 Prozent der Geburtenzahl von 1913 und nur 33 Prozent des Niveaus von 1912. Erst nach dem Ende des Krieges kam es zu einer deutlich steigenden Zahl von Geburten: 1919 durfte sich Windecken über 48 Geburten freuen.[68]

Das Aufwachsen von Kindern im Krieg beschäftigte auch die Windecker. In einem Text, der in der örtlichen Zeitung erschien, widmete sich die Autorin, deren Name mit „K." angegeben wurde, den sogenannten „Kriegskindern". Der Text beschrieb, dass der „wehmütige Unterton" im Wort „Kriegskinder", der verbunden sei mit der „Vorstellung an verlassene weinende Kleine", gar nicht immer

---

[63] Daniel, Arbeiterfrauen, S. 129.
[64] Standesamt Windecken, Heiratsnebenregister 1907–1924, HStA Marburg, Best. 913, Nr. 7564, Jahr 1920, Blatt 1–37.
[65] Hirschfeld, Deutschland im Ersten Weltkrieg, S. 135f.; Daniel, Krieg der Frauen, S. 137; Daniel, Arbeiterfrauen, S. 133.
[66] Daniel, Arbeiterfrauen, S. 267.
[67] Ebd.
[68] Alle Zahlen stammen aus dem Windecker Geburtenregister im Standesamt Nidderau.

zutreffe. Anschließend schilderte die Autorin eine Szene, die sie angeblich selbst erlebt hatte: Eine Gruppe von Kindern habe gemeinsam im Freien gespielt. Eines der Kinder, ein Mädchen, habe schließlich „eine Handvoll weißer Primeln abgepflückt", die es „feierlich zu einem kleinen Erdhaufen" getragen und gesagt habe, „darunter liege Vaters Kriegergrab, das wolle es mit Blumen fein schmücken". Wo ein Kind von Liebe umgeben sei, werde es sein „Paradies" finden, schloss die Autorin. Die beschriebene Anekdote sollte einerseits zeigen, dass Fröhlichkeit und kindliche Unbeschwertheit selbst im Krieg möglich waren. Auf der anderen Seite behauptete die Autorin, die Kinder würden sogar Anteil an den Kriegsereignissen nehmen: „jeden Tag" würden die Kinder „ein dutzendmal" fragen, „ob eine Million Franzosen mausetot gemacht sind?", „ob der Kaiser an alle braven Kriegskinder einen schönen Gruß geschickt habe?" oder „wann es wieder Weitzwecken zum Frühstück gäbe".[69]

4. Die Berichterstattung über den Kriegsverlauf

Das Interesse an den Geschehnissen an der Front war in Windecken enorm. Scheer bediente in der Windecker Zeitung dieses Interesse, indem er den Fokus der Berichterstattung auf den Krieg legte. Bereits nach der ersten Kriegswoche konnte er „Erfolge auf französischem Boden" vermelden.[70] Diese Meldung platzierte Scheer wenig prominent auf der letzten Seite der Zeitung. Allerdings stammte die Meldung über das Vorankommen hinter der französischen Grenze, namentlich in Brienne und Lüttich, vom 6. und 7. August 1914. Beim Druck der Zeitung am 8. dürfte sie sich daher bereits durch Aushänge und Gespräche der Windecker verbreitet haben.

Scheer bezog sich in seiner Berichterstattung nicht nur auf den Kriegsverlauf und die Erfolge der deutschen Armee im Allgemeinen, sondern versuchte stets auch regionale Bezüge herzustellen. Entsprechend berichtete er, wenn Windecker Soldaten an Gefechten beteiligt waren oder Soldaten aus der Stadt oder nahegelegenen Orten fielen. Aus Frankfurt meldete Scheer am 8. August, es hätten sich bereits 4500 Kriegsfreiwillige gemeldet, der Andrang sei nach wie vor groß.[71] Aus München berichtete er in derselben Ausgabe, dort seien es bereits 30 000 Freiwillige.[72] Insgesamt hätten sich bis zum 10. August 1 300 000 Männer freiwillig zum Kriegsdienst gemeldet.[73] Eine exakte Zahl lässt sich heute nicht mehr ermitteln. Bei den durch Medien und Gerüchte verbreiteten Angaben, die eine Million und teilweise sogar zwei Millionen überschritten, handelte es sich aber vor allem um Propaganda.[74]

---

[69] WZ Nr. 41, 22. Mai 1915, S. 1.
[70] WZ Nr. 63, 8. August 1914, S. 4.
[71] WZ Nr. 63, 8. August 1914, S. 4.
[72] Ebd.
[73] WZ Nr. 64, 12. August 1914, S. 1.
[74] Epkenhans, Der Erste Weltkrieg, S. 137.

Als Ergänzung zu den wöchentlich erscheinenden zwei Ausgaben der Zeitung setzte Scheer eine Anzeigentafel zur Berichterstattung ein. Diese erfreute sich nach Aussage Scheers großer Beliebtheit. Er berichtete, kaum habe er die Meldung des Sieges über französische Truppen ausgehängt, hätten die Anwohner „mit regem Interesse" Kenntnis davon genommen, und „im Nu waren die Fahnen heraus". Zur Mittagsstunde habe es ein „feierliches Glockengeläute" gegeben.[75] Wie groß die Begeisterung der Windecker tatsächlich war, lässt sich nur schwer nachvollziehen, schließlich war der Bericht in der Zeitung sicherlich auch propagandistisch motiviert. Für Frankfurt hat Jeffrey Verhey nachgewiesen, dass die Nachrichten vom Krieg ebenso wie die ersten Siegesnachrichten verhalten aufgenommen wurden.[76]

Das Glockenläuten blieb ein wichtiges öffentliches Signal, das die Beteiligung der Menschen an der Heimatfront an den Kämpfen symbolisierte. Immer wieder berichtete die Windecker Zeitung über Glockengeläut, so etwa zu Ehren Hindenburgs und des Sieges über die Russen Anfang 1915.[77] Eine Beschreibung davon, wie es in Windecken nach Eintreffen einer Siegesnachricht aussah, gab Scheer Anfang Mai 1915 in der Windecker Zeitung. In dem Artikel hieß es, nachdem er (Scheer) die Nachricht vom „großen Sieg im Osten" in Form der „amtlichen Tagesberichte" an der Anschlagtafel angebracht habe, sei diese „mit gespanntester Aufmerksamkeit" gelesen worden. Auf dem Marktplatz, wo sich das Geschäft Scheers befand, „bildeten sich Gruppen, die das Neueste eifrig besprachen". Auch bei diesem Sieg blieb das „feierliche Siegesgeläute" nicht aus. Doch die euphorische Meldung enthielt auch eine Warnung davor, Falschmeldungen zu verbreiten. So würden nur „die von uns angeschlagenen amtlichen Tagesberichte auf Wahrheit beruhen". Scheer machte darauf aufmerksam, dass diejenigen, die „falsche Nachrichten" verbreiten würden, welche „die Einwohnerschaft unnötig in Aufregung setzen", mit „hohen Strafen" rechnen müssten.[78]

Ende August 1914 berichtete Scheer in der Zeitung vom Sieg des Heeres im Osten, den er mit der Überschrift „Großer Sieg der Deutschen über die Russen" verkündete. Zusätzlich enthielt dieselbe Ausgabe noch einen kleinen Artikel, in dem Scheer einen weiteren Sieg, nämlich den über die Engländer, beschrieb.[79] Dieser sei mit dem zweiten Läuten[80] der Kirchenglocken seit Kriegsbeginn gefeiert worden.[81] Das wiederholte Glockengeläut, die Beflaggung der Häuser und die ausgiebigen Siegesfeiern, die in den letzten Augusttagen vielerorts in Deutsch-

---

[75] WZ Nr. 67, 22. August 1914, S. 1.
[76] Verhey, „Der Geist von 1914", S. 163.
[77] WZ Nr. 14, 17. Februar 1915, S. 1.
[78] WZ Nr. 36, 5. Mai 1915, S. 1.
[79] WZ Nr. 69, 29. August 1914, S. 1.
[80] Das erste Mal läuteten die Glocken zum Sieg über die Franzosen, vgl. WZ Nr. 67, 22. August 1914.
[81] „Aus Stadt und Land", WZ Nr. 69, 29. August 1914, S. 1.

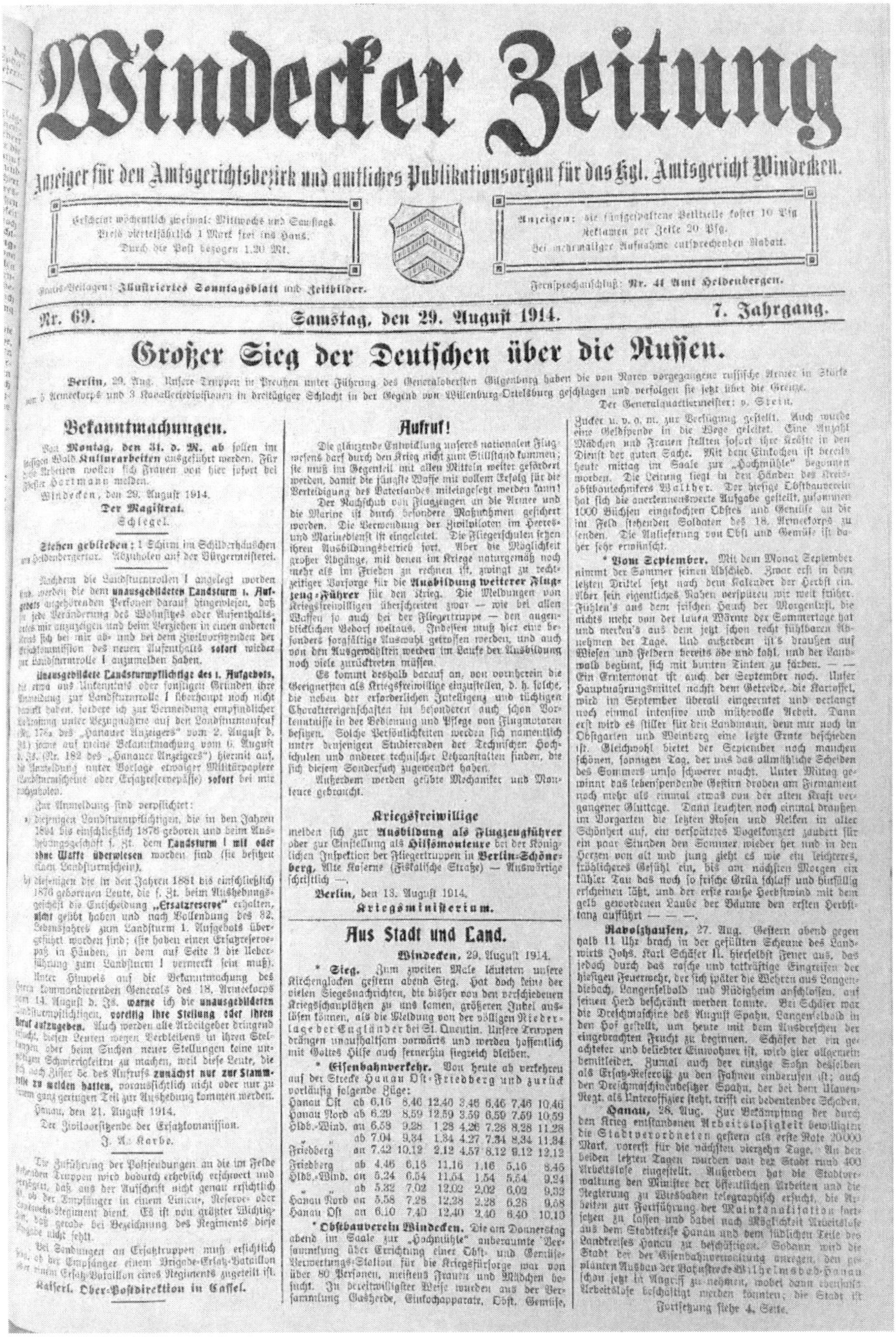

Windecker Zeitung

Anzeiger für den Amtsgerichtsbezirk und amtliches Publikationsorgan für das Kgl. Amtsgericht Windecken.

Erscheint wöchentlich zweimal: Mittwochs und Samstags. Preis vierteljährlich 1 Mark frei ins Haus. Durch die Post bezogen 1.20 Mk.

Anzeigen: die fünfgespaltene Petitzeile kostet 10 Pfg. Reklamen per Zeile 20 Pfg. Bei mehrmaliger Aufnahme entsprechenden Rabatt.

Gratis-Beilagen: **Illustriertes Sonntagsblatt** und **Zeitbilder.**

Fernsprechanschluß: **Nr. 41 Amt Heldenbergen.**

Nr. 69. Samstag, den 29. August 1914. 7. Jahrgang.

Großer Sieg der Deutschen über die Russen.

Berlin, 29. Aug. Unsere Truppen in Preußen unter Führung des Generalobersten Gilgenburg haben die von Narew vorgegangene russische Armee in Stärke von 5 Armeekorps und 3 Kavalleriedivisionen in dreitägiger Schlacht in der Gegend von Willenburg-Ortelsburg geschlagen und verfolgen sie jetzt über die Grenze.

Der Generalquartiermeister: v. Stein.

Bekanntmachungen.

Von **Montag, den 31. d. M. ab** sollen im hiesigen Wald **Kulturarbeiten** ausgeführt werden. Für die Arbeiten wollen sich Frauen von hier sofort bei Förster Hartmann melden.

Windecken, den 29. August 1914.

Der Magistrat.
Schlegel.

Stehen geblieben: 1 Schirm im Schilderhäuschen am Heldenbergertor. Abzuholen auf der Bürgermeisterei.

Nachdem die Landsturmrollen I angelegt worden sind, werden die dem **unausgebildeten Landsturm I. Aufgebots** angehörenden Personen darauf hingewiesen, daß sie jede Veränderung des Wohnsitzes oder Aufenthaltsortes mir anzuzeigen und beim Verziehen in einen anderen Kreis sich bei mir ab- und bei dem Zivilvorsitzenden der Ersatzkommission des neuen Aufenthalts **sofort** wieder zur Landsturmrolle I anzumelden haben.

Unausgebildete Landsturmpflichtige des I. Aufgebots, die etwa aus Unkenntnis oder sonstigen Gründen ihre Anmeldung zur Landsturmrolle I überhaupt noch nicht bewirkt haben, fordere ich zur Vermeidung empfindlicher Bestrafung unter Bezugnahme auf den Landsturmaufruf (Nr. 178a des „Hanauer Anzeigers" vom 2. August d. Js.) sowie auf meine Bekanntmachung vom 6. August d. Js. (Nr. 182 des „Hanauer Anzeigers") hiermit auf, die Anmeldung unter Vorlage etwaiger Militärpapiere (Landsturmscheine oder Ersatzreservepässe) **sofort** bei mir nachzuholen.

Zur Anmeldung sind verpflichtet:

a) diejenigen Landsturmpflichtigen, die in den Jahren 1894 bis einschließlich 1876 geboren und beim Aushebungsgeschäft s. Zt. dem **Landsturm I mit oder ohne Waffe überwiesen** worden sind (sie besitzen einen Landsturmschein).

b) diejenigen die in den Jahren 1881 bis einschließlich 1876 geborenen Leute, die s. Zt. beim Aushebungsgeschäft die Entscheidung **„Ersatzreserve"** erhalten, **nicht** geübt haben und nach Vollendung des 32. Lebensjahres zum Landsturm 1. Aufgebots übergeführt worden sind; (sie haben einen Ersatzreservepaß in Händen, in dem auf Seite 3 die Ueberführung zum Landsturm I vermerkt sein muß).

Unter Hinweis auf die Bekanntmachung des Herrn kommandierenden Generals des 18. Armeekorps vom 14. August d. Js. **warne** ich die **unausgebildeten** Landsturmpflichtigen, **voreilig ihre Stellung oder ihren Beruf aufzugeben.** Auch werden alle Arbeitgeber dringend ersucht, diesen Leuten wegen Verbleibens in ihren Stellungen oder beim Suchen neuer Stellungen keine unnötigen Schwierigkeiten zu machen, weil diese Leute, die sich nach Ziffer 5c des Aufrufs **zunächst nur zur Stammrolle zu melden hatten,** voraussichtlich nicht oder nur zu einem ganz geringen Teil zur Aushebung kommen werden.

Hanau, den 21. August 1914.

Der Zivilvorsitzende der Ersatzkommission.
J. A.: Karbe.

Die Zuführung der Postsendungen an die im Felde stehenden Truppen wird dadurch erheblich erschwert und verzögert, daß aus der Aufschrift nicht genau ersichtlich ist, ob der Empfänger in einem Linien-, Reserve- oder Landwehr-Regiment dient. Es ist von größter Wichtigkeit, daß gerade bei Bezeichnung des Regiments diese Angabe nicht fehlt.

Bei Sendungen an Ersatztruppen muß ersichtlich sein, ob der Empfänger einem Brigade-Ersatz-Bataillon oder einem Ersatz-Bataillon eines Regiments zugeteilt ist.

Kaiserl. Ober-Postdirektion in Cassel.

Aufruf!

Die glänzende Entwicklung unseres nationalen Flugwesens darf durch den Krieg nicht zum Stillstand kommen; sie muß im Gegenteil mit allen Mitteln weiter gefördert werden, damit die jüngste Waffe mit vollem Erfolg für die Verteidigung des Vaterlandes miteingesetzt werden kann!

Der Nachschub von Flugzeugen an die Armee und die Marine ist durch besondere Maßnahmen gesichert worden. Die Verwendung der Zivilpiloten im Heeres- und Marinedienst ist eingeleitet. Die Fliegerschulen setzen ihren Ausbildungsbetrieb fort. Aber die Möglichkeit großer Abgänge, mit denen im Kriege naturgemäß noch mehr als im Frieden zu rechnen ist, zwingt zu rechtzeitiger Vorsorge für die **Ausbildung weiterer Flugzeug-Führer** für den Krieg. Die Meldungen von Kriegsfreiwilligen überschreiten zwar — wie bei allen Waffen so auch bei der Fliegertruppe — den augenblicklichen Bedarf weitaus. Indessen muß hier eine besonders sorgfältige Auswahl getroffen werden, und auch von den Ausgewählten werden im Laufe der Ausbildung noch viele zurücktreten müssen.

Es kommt deshalb darauf an, von vornherein die Geeignetsten als Kriegsfreiwillige einzustellen, d. h. solche, die neben der erforderlichen Intelligenz und tüchtigen Charaktereigenschaften im besonderen auch schon Vorkenntnisse in der Bedienung und Pflege von Flugmotoren besitzen. Solche Persönlichkeiten werden sich namentlich unter denjenigen Studierenden der Technischen Hochschulen und anderer technischer Lehranstalten finden, die sich diesem Sonderfach zugewendet haben.

Außerdem werden geübte Mechaniker und Monteure gebraucht.

Kriegsfreiwillige

melden sich zur **Ausbildung als Flugzeugführer** oder zur Einstellung als **Hilfsmonteure** bei der Königlichen Inspektion der Fliegertruppen in **Berlin-Schöneberg,** Alte Kaserne (Fiskalische Straße) — Auswärtige schriftlich —.

Berlin, den 13. August 1914.

Kriegsministerium.

Aus Stadt und Land.

Windecken, 29. August 1914.

* **Sieg.** Zum zweiten Male läuteten unsere Kirchenglocken gestern abend Sieg. Hat doch keine der vielen Siegesnachrichten, die bisher von den verschiedenen Kriegsschauplätzen zu uns kamen, größeren Jubel auslösen können, als die Meldung von der völligen Niederlage der Engländer bei St. Quentin. Unsere Truppen drängen unaufhaltsam vorwärts und werden hoffentlich mit Gottes Hilfe auch fernerhin siegreich bleiben.

* **Eisenbahnverkehr.** Von heute ab verkehren auf der Strecke Hanau Ost-Friedberg und zurück vorläufig folgende Züge:

Hanau Ost	ab	6,16	8,46	12.40	3.48	6,46	7,46	10,46
Hanau Nord	ab	6.29	8,59	12.59	3.59	6.59	7.59	10,59
Hldb.-Wind.	an	6.58	9.28	1,28	4.26	7.28	8.28	11.28
" "	ab	7.04	9,34	1.34	4.27	7.34	8,34	11.34
Friedberg	an	7.42	10.12	2.12	4.57	8.12	9.12	12.12
Friedberg	ab	4.46	6.16	11.16	1.16	5.16		8.46
Hldb.-Wind.	an	5.24	6.54	11.54	1.54	5.54		9.24
" "	ab	5.32	7.02	12.02	2.02	6.02		9.32
Hanau Nord	an	5.58	7.28	12.28	2.28	6.28		9.58
Hanau Ost	an	6.10	7.40	12.40	2.40	6.40		10.10

* **Obstbauverein Windecken.** Die am Donnerstag abend im Saale zur „Hochmühle" anberaumte Versammlung über Errichtung einer Obst- und Gemüse-Verwertungs-Station für die Kriegsfürsorge war von über 80 Personen, meistens Frauen und Mädchen besucht. In bereitwilligster Weise wurden aus der Versammlung Gasherde, Einkochapparate, Obst, Gemüse, Zucker u. v. a. m. zur Verfügung gestellt. Auch wurde eine Geldspende in die Wege geleitet. Eine Anzahl Mädchen und Frauen stellten sofort ihre Kräfte in den Dienst der guten Sache. Mit dem Einkochen ist bereits heute mittag im Saale zur „Hochmühle" begonnen worden. Die Leitung liegt in den Händen des Kreisobstbautechnikers Walther. Der hiesige Obstbauverein hat sich die anerkennenswerte Aufgabe gestellt, zusammen 1000 Büchsen eingekochten Obstes und Gemüse an die im Feld stehenden Soldaten des 18. Armeekorps zu senden. Die Anlieferung von Obst und Gemüse ist daher sehr erwünscht.

* **Vom September.** Mit dem Monat September nimmt der Sommer seinen Abschied. Zwar erst in dem letzten Drittel setzt nach dem Kalender der Herbst ein. Aber sein eigentliches Nahen verspüren wir weit früher. Fühlen's aus dem frischen Hauch der Morgenluft, die nichts mehr von der lauen Wärme der Sommertage hat und merken's aus dem jetzt schon recht fühlbaren Abnehmen der Tage. Und außerdem ist's draußen auf Wiesen und Feldern bereits öde und kahl, und der Laubwald beginnt, sich mit bunten Tinten zu färben. — — Ein Erntemonat ist auch der September noch. Unser Hauptnahrungsmittel nächst dem Getreide, die Kartoffel, wird im September überall eingeerntet und verlangt noch einmal intensive und mühevolle Arbeit. Dann erst wird es stiller für den Landmann, dem nur noch in Obstgarten und Weinberg eine letzte Ernte beschieden ist. Gleichwohl bietet der September noch manchen schönen, sonnigen Tag, der uns das allmähliche Scheiden des Sommers umso schwerer macht. Unter Mittag gewinnt das lebenspendende Gestirn droben am Firmament noch mehr als einmal etwas von der alten Kraft vergangener Gluttage. Dann leuchten noch einmal draußen im Vorgarten die letzten Rosen und Nelken in alter Schönheit auf, ein verspätetes Vogelkonzert zaubert für ein paar Stunden den Sommer wieder her und in den Herzen von alt und jung zieht es wie ein leichteres, fröhlicheres Gefühl ein, bis am nächsten Morgen ein kühler Tau das noch so frische Grün schlaff und hinfällig erscheinen läßt, und der erste rauhe Herbstwind mit dem gelb gewordenen Laube der Bäume den ersten Herbsttanz aufführt — — —.

Ravolzhausen, 27. Aug. Gestern abend gegen halb 11 Uhr brach in der gefüllten Scheune des Landwirts Johs. Karl Schäfer II. hierselbst Feuer aus, das jedoch durch das rasche und tatkräftige Eingreifen der hiesigen Feuerwehr, der sich später die Wehren aus Langendiebach, Langenselbold und Rüdigheim anschlossen, auf seinen Herd beschränkt werden konnte. Bei Schäfer war die Dreschmaschine des August Spahn, Langenselbold in den Hof gestellt, um heute mit dem Ausdreschen der eingebrachten Frucht zu beginnen. Schäfer der ein geachteter und beliebter Einwohner ist, wird hier allgemein bemitleidet. Zumal auch der einzige Sohn desselben als Ersatz-Reservist zu den Fahnen einberufen ist; auch den Dreschmaschinenbesitzer Spahn, der bei dem Ulanen-Regt. als Unteroffizier steht, trifft ein bedeutender Schaden.

Hanau, 28. Aug. Zur Bekämpfung der durch den Krieg entstandenen Arbeitslosigkeit bewilligten die Stadtverordneten gestern als erste Rate 20000 Mark, vorerst für die nächsten vierzehn Tage. An den beiden letzten Tagen wurden von der Stadt rund 400 Arbeitslose eingestellt. Außerdem hat die Stadtverwaltung den Minister der öffentlichen Arbeiten und die Regierung zu Wiesbaden telegraphisch ersucht, die Arbeiten zur Fortführung der Mainkanalisation fortsetzen zu lassen und dabei nach Möglichkeit Arbeitslose aus dem Stadtkreise Hanau und dem südlichen Teile des Landkreises Hanau zu beschäftigen. Sodann wird die Stadt bei der Eisenbahnverwaltung anregen, den geplanten Ausbau der Bahnstrecke Wilhelmsbad-Hanau schon jetzt in Angriff zu nehmen, wobei dann ebenfalls Arbeitslose beschäftigt werden könnten; die Stadt ist

Fortsetzung siehe 4. Seite.

Abb. 9: Titelseite der Windecker Zeitung Nr. 69, 29. August 1914, S. 1.

land stattfanden, trugen nur Aufbesserung der Stimmung bei, und sie halfen darüber hinaus dabei, die anfänglich zurückhaltende Reaktion auf den Krieg nachträglich zu kaschieren und so den Mythos des Augusterlebnisses zu verbreiten.[82]

Um noch aktueller Neuigkeiten verbreiten zu können, war Scheer „vom 1. September ab (…) mit Wolff's Telegraphisches Bureau in Verbindung getreten" und „so in der Lage, alle wichtigen Ereignisse von den Kriegsschauplätzen ec. sofort nach der amtlichen Bestätigung bekannt zu geben". Dabei achtete Scheer darauf, dass Neuigkeiten stets ersichtlich seien, indem er „an der Aushangtafel" an seinem Geschäft tagsüber die Farbe des Papiers wechselte, sobald er die Nachrichten aktualisierte; nachts beleuchtete er bei Neuigkeiten die Tafel. „So oft also am Tage die Farbe des Papiers wechselt und die Aushangtafel abends beleuchtet ist, so oft ist das Neueste angeschlagen."[83] Fortan veröffentlichte Scheer diese Neuigkeiten mit dem Hinweis „WTB" versehen in beinahe jeder Ausgabe der Zeitung. Die Bekanntmachung dieser neuen Informationsquelle enthielt dabei auch den Hinweis Scheers, er habe diese Entscheidung „im Interesse meiner Leser" getroffen und das, „trotzdem sie mir bei der gegenwärtigen gedrückten Geschäftslage bedeutende Unkosten auferlegt".

„Wolff's Telegraphisches Bureau" war insbesondere während der Kriegszeit ein wichtiger Informationskanal.[84] Die „quasi amtliche und weitgehend staatliche" Nachrichtenagentur war die größte des Reichs, sie verbreitete lediglich autorisierte Nachrichten im Sinne der Reichsregierung.[85] Ein weiteres Instrument der Regierung war „das verordnete Schweigen über militärische Vorgänge", das eine Folge der Zensur war.[86] Als der deutsche Angriff im Westen ins Stocken geriet und der verlustreiche Stellungskrieg begann, wurde die Erfolglosigkeit bald mit der Formulierung „Im Westen nichts Neues" übertüncht.[87] Auch das WTB bediente sich dieser Floskel. Mit ihrer ständigen Wiederholung wurde „die Fortdauer des ergebnislosen Abnutzungskrieges zur ereignislosen Normalität" stilisiert und so der Glaube an den Sieg lebendig gehalten.[88]

Im Dezember 1914 veröffentlichte Wilhelm Scheer eine Annonce in der Zeitung, die ein eingezogener Soldat geschaltet hatte. Der Kanonier Philipp Muth

---

[82] Ziemann, Front und Heimat, S. 50; siehe auch Verhey, „Der Geist von 1914", S. 194–196.
[83] „An meine Leser!", WZ Nr. 70, 2. September 1914, S. 1.
[84] Mit der Rolle und Arbeit des WTB während des Krieges hat sich Martin Creutz ausführlich befasst: Creutz, Die Pressepolitik der kaiserlichen Regierung während des Ersten Weltkriegs, insbesondere S. 32–43. Für Scheer war es die erste Agentur, die er regelmäßig heranzog; ab Mitte Januar 1915 wurden die Informationen des WTB offenbar durch Meldungen von Reuters ergänzt: Zahlreiche Meldungen enthielten fortan die Quellenangabe „Ctr. Frkft." (allein zehn Meldungen in Ausgabe Nr. 4, 13. Januar 1915, S. 1f., davon neun im Ressort „Rundschau").
[85] Flemming, Heimatfront, S. 65.
[86] Ebd.
[87] Ebd.
[88] Jeismann, Propaganda, S. 201.

2 Windecken als Heimatfront

wandte sich an alle „lieben Windecker", denen er „aus dem Feindesland die herzlichsten Grüße" sandte und ausrichtete, er erfreue sich „noch bester Gesundheit".[89]

Im gleichen Monat erlitt die deutsche Marine eine große Niederlage während eines Gefechts bei den Falklandinseln. Über diese Niederlage berichtete Wilhelm Scheer in der Windecker Zeitung vom 12. Dezember 1914, indem er eine amtliche Meldung wiedergab, die sich auf Informationen des britischen Nachrichtendienstes „Reuter" (sic) bezog.[90] Die gleiche Meldung findet sich mit teils leicht unterschiedlichem, teils identischem Wortlaut in zahlreichen weiteren Zeitungen, unter anderem im Oberurseler Bürgerfreund[91], im Bergsträßer Boten[92], im Rheingauer Anzeiger[93] oder in der Biebricher Tagespost[94].

Dass diese Niederlage medial derart aufwändig aufbereitet wurde, hatte mehrere Gründe. Zum einen handelte es sich bei den Schiffen um das Ostasiengeschwader der kaiserlichen Marine und damit um dasselbe, das gerade erst im Gefecht von Coronel vor der chilenischen Küste gekämpft hatte.[95] Dort war es den Deutschen gelungen, einige britische Schiffe zu versenken, wobei mehr als 1600 britische Matrosen starben.[96] Es war der erste Sieg der Deutschen über die Briten zur See[97] und die erste britische Niederlage zur See seit einem Jahrhundert. Die Beteiligten der Schlacht von Coronel wurden zu Helden stilisiert, ihre anschließende Niederlage bei den Falklandindseln wurde zu einer Art Mythos, der sich bis in die Zeit des Nationalsozialismus hielt: Die rund 2000 gefallenen „treuen deutschen ‚Blaujacken'" hätten „selbst im letzten schweren Todeskampfe, den sicheren Untergang vor Augen" gekämpft.[98] Während bei Feinden die Flucht stets als feige dargestellt wurde, kamen derartige Worte im Falle der beiden deutschen Kreuzer „Dresden" und „Nürnberg" natürlich nicht zum Einsatz. Ihnen gelang es vielmehr, aus dem Gefecht zu entkommen. Die beiden deutschen Kreuzer wurden auf ihrer Flucht von den englischen Schiffen verfolgt, nur die „Dresden" entging ihren Verfolgern. Auch englische Zeitungen wurden herangezogen, um den Heldenmut der Soldaten darzustellen – so habe die Daily Mail gemeldet, „es muss ein mächtiger Kampf gewesen sein, denn wir wissen aus Erfahrung, wie die Deutschen Schiffe kämpfen".[99] Tatsächlich entwickelte sich diese Niederlage zu einem beliebten Objekt der deutschen Propaganda. Scheer betonte stolz, es seien 38 Schiffe der Gegner erforderlich gewesen, um es mit den fünf deutschen

---

[89] WZ Nr. 95, 2. Dezember 1914, S. 4.
[90] WZ Nr. 98, 12. Dezember 1914, S. 1.
[91] Oberurseler Bürgerfreund Nr. 144, 51. Jahrgang, 12. Dezember 1914, S. 1.
[92] Bergsträßer Bote Nr. 145, Blatt 2, 12. Dezember 1914, S. 1.
[93] Rheingauer Anzeiger Nr. 146, 74. Jahrgang, 1. Blatt, 12. Dezember 1914, S. 2.
[94] Biebricher Tagespost Nr. 289, 53. Jahrgang, 1. Blatt, 11. Dezember 1914, S. 1.
[95] Krüger, Falkland, S. 469f.
[96] Storz, Spee, Maximilian Reichsgraf von, S. 861.
[97] Ebd.
[98] WZ Nr. 98, 12. Dezember 1914, S. 1.
[99] Ebd.

Schiffen aufzunehmen.[100] Eine derartig große Diskrepanz zwischen den Gegnern bestand in Wahrheit nicht.

Wilhelm Scheer hielt seine Leser ständig auf dem Laufenden, auch wenn es nichts Neues zu vermelden gab. Im Januar 1915 berichtete Scheer, „in den letzten Tagen" habe sich „auf dem größten Teil des östlichen Kriegsschauplatzes nichts Bemerkenswertes ereignet".[101] Auf der anderen Seite schwieg die Windecker Zeitung sich über deutsche Niederlagen aus, ein Phänomen, das für die gesamte deutsche Presse während des Krieges bezeichnend war.[102] Tatsächlich wird etwa die Niederlage in der Marne-Schlacht im September 1914 in der Windecker Zeitung mit keinem Wort erwähnt. Seitens der Reichsregierung bemühte man sich stattdessen um Beschwichtigung: Nicht nur wurde eine militärische Niederlage an der Marne mit der unzutreffenden Erklärung dementiert, „die vom Feinde mit allen Mitteln verbreiteten für uns ungünstigen Nachrichten sind falsch".[103] Es wurde stattdessen die Falschmeldung verbreitet, „auf dem westlichen Kriegsschauplatz" hätten Operationen, deren Einzelheiten noch nicht bekannt gegeben werden könnten, zu „einer neuen Schlacht geführt, die günstig steht".[104]

Diese Meldung war weit von der Wahrheit entfernt. In Wirklichkeit war das deutsche Heer in der Schlacht an der Marne, die zwischen dem 5. und dem 12. September 1914 stattfand, auf eine Gegenoffensive des französischen und des englischen Heeres gestoßen, die seinen weiteren Vormarsch auf Paris unmöglich machte. Das Scheitern der deutschen Offensive deklarierte man zum taktischen Rückzug: So sei es gelungen, „in schweren zweitägigen Kämpfen" östlich von Paris die Gegner aufzuhalten und dabei sogar noch selbst Fortschritte zu erzielen.[105] Auf den „Anmarsch neuer starker feindlicher Kolonnen" habe man reagiert, indem ein Flügel zurückgenommen worden sei.[106] Die beschönigte Version kam dabei der Anforderung an die Presse nach, keine Nachrichten zu verbreiten, die „den eigenen Interessen schaden und den feindlichen nützen könnten".[107]

Mit dem Weltkrieg setzte auch die Zensur der Medien ein. Diese wurde jedoch nicht einheitlich durchgeführt.[108] Insbesondere die Kontrolle der kleinen Zeitungen erwies sich für die Behörden als besonders schwierig, was vor allem an ihrer

---

[100] Ebd.
[101] WZ Nr. 6, 20. Januar 1915, S. 1.
[102] Flemming, Heimatfront, S. 65.
[103] Amtliche Kriegsdepesche (WTB) vom 13. September 1914, in: Amtliche Kriegs-Depeschen nach Berichten des Wolff'schen Telegr. Bureaus, 1. Band, 1. August 1914 bis 31. Januar 1915, S. 94.
[104] Ebd.
[105] Ebd.
[106] Ebd.
[107] Creutz, Pressepolitik, S. 55.
[108] Ebd.

2 Windecken als Heimatfront

großen Anzahl lag.[109] Viele der Journalisten veränderten die staatlich publizierten Meldungen eigenmächtig und gelangten, so die Vermutung von Flemming, dadurch teilweise näher an die Wahrheit als die offiziellen Verlautbarungen.[110]

Ein weiterer Service, den Scheer für seine Leser einführte, war die Möglichkeit, Einsicht in die Verlustlisten zu nehmen. Diese konnten ab September 1914 bei den Postämtern bestellt werden. Wer die Listen nicht selbst anfordern wollte, konnte sie bei Scheer im Laden gegen eine Gebühr von fünf Pfennig einsehen.[111] Scheer gab auch regelmäßig bekannt, wenn neue Listen erschienen – allein bis Ende September 1914 wurden 44 Ausgaben herausgegeben.[112]

Im Mai 1915 befasste sich die Windecker Zeitung in beinahe jeder Ausgabe mit den Entwicklungen in Italien. Das Land hatte zu Kriegsbeginn erklärt, neutral bleiben zu wollen. Scheer hatte sogar daran geglaubt, dass Italien dem Deutschen Reich zugewandt sei, doch dann schloss sich das Land der Entente an und wurde zum „neuen Feind". Scheer suchte immer wieder nach Erklärungen dafür, wie sich der ehemalige Verbündete im Dreibund mit Österreich-Ungarn auf die Seite des Feindes hatte schlagen können. Seiner Ansicht nach hatten Frankreich und England für die Propaganda in italienischen Medien bezahlt.[113] Das Ergebnis fasste Scheer wie folgt zusammen: Italien sei nun in „militärischer, wie in finanzieller Hinsicht" ein „Höriger der Triple-Entente".[114]

Hauptsächlich spielte sich der Krieg fernab der deutschen Grenzen ab, sodass die Deutschen mit den Kampfhandlungen nicht direkt konfrontiert wurden. Gelegentlich kam es jedoch auch auf deutschem Boden zu Angriffen, etwa am 15. Juni 1915, als Flugzeuge Bomben auf Karlsruhe abwarfen. Die Windecker erfuhren hiervon aus ihrer Zeitung, waren aber selbst nicht betroffen von Luftangriffen.

Der 1. August 1915 stand in Windecken ganz im Zeichen des Krieges. Bereits im Voraus wurde angekündigt, im Gottesdienst werde des Kriegsbeginns ein Jahr zuvor gedacht. Dabei beteiligte sich vor allem der Kriegerverein.[115] Im Vorfeld hatte Scheer in der Windecker Zeitung eine Aufforderung aus der „Täglichen Rundschau" mitgeteilt, die dazu aufrief, den 1. August als „Erinnerung an den Kriegsbeginn" in der Kirche zu begehen. Er solle zum „Tage des Dankes gegen Gott" werden, da dieser „unser Volk so herrlich geführt habe", ein Tag „der ernsten Besinnung und inneren Zurüstung für die Aufgabe, die im zweiten Kriegsjahre vor uns liegt". Der 1. August solle ferner „zu einem Tage gemeinsamen Gebetes" dafür werden, „daß Gott uns durch das furchtbare Ringen zum Siege führen" und dabei das Volk innerlich erneuern werde, damit es „dem Siege ge-

---

[109] Flemming, Heimatfront, S. 67.
[110] Ebd., S. 66.
[111] WZ Nr. 70, 2. September 1914, S. 1.
[112] WZ Nr. 75, 19. September 1914, S. 4.
[113] WZ Nr. 40, 19. Mai 1915, S. 1.
[114] WZ Nr. 47, 12. Juni 1915, S. 4.
[115] WZ Nr. 61, 31. Juli 1915, S. 1.

wachsen und des Sieges wert" sein werde. Dieses Vorhaben sah Scheer „mit den Wünschen der Regierung in Uebereinstimmung".[116]

5. Feldpost – Kontakt zwischen Heimat und Front

Seit Oktober 1914 war es „allgemein zugelassen", Postsendungen an in Gefangenschaft geratene deutsche Soldaten zu richten.[117] Es sei aber darauf zu achten, nur dann Geld oder andere Dinge zu versenden, wenn zum einen um den Erhalt gebeten wurde und zum anderen garantiert sei, dass diese Geschenke auch beim Empfänger ankommen würden.[118] Briefe der Windecker an ihre Verwandten an der Front sollten unverfänglich sein und „Zuversicht und Hoffnung" enthalten, so die Bestimmungen.[119] Dasselbe galt für Briefe, die die Angehörigen an ihre in Kriegsgefangenschaft geratenen Verwandten richteten.[120]

Auch die Soldaten unterlagen beim Verfassen ihrer Briefe Regeln. Entsprechend wurde die Feldpost teilweise zensiert. Doch die große Menge der versandten Briefe machte es unmöglich, alle Schriftstücke zu kontrollieren. Für viele Soldaten waren die Erlebnisse an der Front unaussprechlich, oft fehlte die „sprachliche Ausdrucksfähigkeit", um sie in Worte zu fassen.[121] Entsprechend erreichten nur sehr selten Briefe die Heimat, in denen die Vorgänge an der Front realistisch beschrieben wurden, ohne sie zu beschönigen.[122] In den Zeitungen wurde davor gewarnt, Schilderungen vom Grauen des Krieges zuviel Wert beizumessen, da „unsere Feldgrauen dann und wann etwas stark auftragen, wenn sie von ihren Erlebnissen nach Hause berichten". Derartige Beschreibungen könnten „großen Schrecken" auslösen.[123] Die Befürchtung war, dass ein Einblick in den tatsächlichen Frontalltag des Stellungskrieges dem Durchhaltewillen der Bevölkerung schaden werde.

Scheer berichtete im April 1915 von einem Mann aus einer Stadt, deren Name mit „St." abgekürzt wurde. Der Mann hatte die furchterregenden Schilderungen seines Sohnes von der Front verbreitet und bekam wegen seiner „Unbesonnenheit" von der Polizei eine Geldstrafe auferlegt.[124] Offenbar sollte damit ein Exempel statuiert werden. Ähnliche Fälle kamen auch andernorts vor: Eine Frau namens Emilie Albeck verbreitete ein Gerücht, das sie angeblich in ihrem Geschäft erfahren hatte. Die vermeintliche Neuigkeit besagte, dass Hindenburg mit 160 000 Mann „in Rußland eingeschlossen" sei – dieses „falsche Gerücht" habe die Geschäftsfrau in einem Verein für Kriegerfrauen verbreitet. Fünf der dort

---

[116] WZ Nr. 60, 28. Juli 1915, S. 4.
[117] WZ Nr. 82, 14. Oktober 1914, S. 3.
[118] Ebd.
[119] WZ Nr. 83, 17. Oktober 1914, S. 1.
[120] WZ Nr. 82, 14. Oktober 1914, S. 3.
[121] Buschmann, Der verschwiegene Krieg, S. 219.
[122] Ebd.
[123] WZ Nr. 33, 24. April 1915, S. 3.
[124] Ebd.

2 Windecken als Heimatfront

anwesenden Frauen hätten nun ebenfalls damit begonnen, dies weiterzuerzählen – der Fall wurde am Landgericht Ellwangen verhandelt.[125]
Andererseits druckte Scheer selbst eine kurze Meldung über den „Leichengeruch bei den Dardanellen", der „entsetzlich" sei. Allerdings wurde dies sogleich in propagandistischer Weise gedeutet: Es hieß, der Ort sei zum „Grabe des Prestiges der gewaltigsten Macht der Welt" geworden, womit sich Scheer auf England bezog[126], das in der Schlacht bei Gallipoli vergeblich versucht hatte, einen Vorposten an der türkischen Küste zu errichten, um die Meerenge zum Schwarzen Meer zu kontrollieren.

Auch die Briefe von der Heimat in Richtung Front standen immer wieder in der Kritik. Im Mai 1915 warnte der bekannte Autor Ludwig Ganghofer in einem in der Windecker Zeitung abgedruckten Brief die Angehörigen in der Heimat eindringlich davor, zu negative Botschaften an die Soldaten im Felde zu senden. Die wenigsten Briefe enthielten „ein tapferes, hilfreiches, aufrichtendes Wort". Vielmehr würden die meisten Schreiben, die er sehe, nur „Sorge und Klage und Jammer" beinhalten. Viele Frauen würden sich über die Situation in der Heimat beklagen und schreiben, dort seien die Lebensmittel knapp und man gehe einer „schrecklichen Hungersnot" entgegen. Das sei nicht wahr und werde dazu beitragen, dass manch einer der „Braven, die unter Gefahr und Feuer stehen", aus Sorge um seine Lieben verzagen würde. Statt es den Soldaten mit „unüberlegtem Gerede" zusätzlich schwer zu machen, sollten die Frauen „nur aufrechte und helfende Worte, Worte des Vertrauens, Worte des Glaubens an unseren Sieg!" an die Männer im Feld senden. Solange sie selbst nicht „aufrecht" seien, hätten sie auch gar nicht das Recht, „von unseren Soldaten zu verlangen, daß sie um eures Lebens willen mutig sein und aufrecht bleiben sollen". Und die „Brotmarke" sei „eine kluge Einrichtung, kein Schicksalsschlag!"[127]

6. Öffentliche Trauer

Die Anteilnahme der Windecker am Schicksal der eingezogenen Soldaten und insbesondere ihrer eigenen Angehörigen war groß, was sich auch in der Windecker Zeitung widerspiegelte. Die Gefallenen aus Windecken wurden öffentlich betrauert. Scheer meldete den Tod von Windecker Soldaten auf der Titelseite: Am Ende des zweiten Kriegsmonats berichtete die Zeitung, Heinrich Vollbrecht und Heinrich Reinheimer seien nach einem Gefecht ihren Verwundungen erlegen, und auch der gebürtige Windecker Martin Lenz, der inzwischen in Kilianstädten lebte, sei gefallen.[128] In ähnlicher Weise wurde der Tod von Heinrich Georg Reul und Karl Wennel in einem kurzen Artikel auf der Titelseite be-

---

[125] WZ Nr. 62, 4. August 1915, S. 3.
[126] WZ Nr. 40, 19. Mai 1915, S. 3.
[127] WZ Nr. 43, 29. Mai 1915, S. 1.
[128] WZ Nr. 78, 30. September 1914, S. 1.

kanntgegeben.[129] Für beide wurden darüber hinaus große Traueranzeigen veröffentlicht.[130] Im Falle von Heinrich Reul schaltete darüber hinaus der „Deutsche Turnerverein Jahn", in dem der Verstorbene Mitglied gewesen war, in der gleichen Ausgabe eine Anzeige.[131] Die folgende Ausgabe enthielt eine Traueranzeige des Windecker Schützenclubs und des Gesangvereins „Concordia" für Karl Wennel.[132]

Während vor dem Krieg nur selten Traueranzeigen für verstorbene Vereinsmitglieder in der Windecker Zeitung erschienen waren, nahm dies mit Beginn des Krieges deutlich zu.[133] Die zuvor öffentlich betrauerten Mitglieder waren häufig im Vorstand der Vereine aktiv oder hatten sich besonders verdient gemacht. Im Krieg ändert sich dies: Die Vereine waren stolz darauf, dass aus ihren Reihen Soldaten im Krieg kämpften, und dementsprechend wurden für gefallene Mitglieder häufig Anzeigen geschaltet, um die Nachricht von ihrem „Heldentod" zu verbreiten und ihrer zu gedenken, unabhängig von ihrer Stellung im Verein.[134]

Zusätzlich wurde den Gefallenen bei Versammlungen der Vereine gedacht. Der Gefallene Heinrich Vollbrecht war Mitglied der Freiwilligen Feuerwehr Windeckens gewesen.[135] Der Verein hielt rund zwei Wochen nach der Nachricht vom Tode Vollbrechts eine Versammlung mit angeschlossener Übung ab, bei der des Gefallenen gedacht wurde.[136] Eine weitere Aktivität bei Versammlungen, die einen direkten Bezug zum Krieg hatte, war das Verlesen von Feldpostbriefen und -karten der Mitglieder. Bei der Zusammenkunft der Feuerwehrkameraden wurde eine Karte von Karl Wagner, die dieser „aus dem Feindesland" geschickt hatte, vorgelesen und beantwortet. Auf Initiative von Bürgermeister und Bezirksbrandinspektor Schlegel wurde darüber hinaus beschlossen, die Soldaten im Feld „so weit es erforderlich (ist), bei der hessischen Kriegsversicherung zu versichern".[137]

7. Vergnügungsveranstaltungen und Feiern im Krieg

Der Krieg drang nach und nach immer weiter in die Lebenswelt der Windecker ein. Er veränderte den Alltag der Menschen, in dem zusätzliche Sorgen aufkamen, die vor allem die Ernährungssituation, aber in vielen Familien auch die

---

[129] „Aus Stadt und Land", WZ Nr. 84, 21. Oktober 1914, S. 1.
[130] WZ Nr. 84, 21. Oktober 1914, S. 4.
[131] Ebd.
[132] WZ Nr. 85, 24. Oktober 1914, S. 4.
[133] Beispielsweise: Anzeige für Heinrich Vollbrecht, geschaltet durch den Gesangverein „Liederkranz", WZ Nr. 80, 7. Oktober 1914, S. 4.
[134] Beispielsweise: Anzeigen für Heinrich Wilhelm Pfeiffer, geschaltet durch den Kriegerverein und den Turnerverein „Jahn", WZ Nr. 13, 13. Februar 1915, S. 4.
[135] WZ Nr. 87, 31. Oktober 1914, S. 1.
[136] Ebd.
[137] Ebd.

Auf dem Felde der Ehre fiel als Held
am 2. Oktober unser Schützenbruder

Karl Wennel

Jäger im 2. Bayerischen Jägerbataillon.
Wir betrauern in ihm einen treuen und lieben
Kameraden, der jederzeit bestrebt war, die Interessen
des Klubs zu fördern und werden wir ihm stets ein
ehrendes Andenken bewahren.

Schützenklub Windecken.

Es starb den Heldentod fürs Vaterland
unser liebes Mitglied

Karl Wennel

Jäger im 2. Bayerischen Jägerbataillon.
Wir werden ihm stets ein ehrendes Andenken
bewahren.

Gesangverein Concordia.

Abb. 10: Todesanzeigen für Karl Wennel, Windecker Zeitung Nr. 85, 24. Oktober, S. 4.

finanzielle Lage betrafen. Die gewohnte Lebensweise konnte nicht mehr lange aufrechterhalten werden, unbeschwerte Vergnügungen waren bald nicht mehr möglich. Zwar besuchten viele Windecker zumindest zu Beginn des Krieges weiterhin Vergnügungsveranstaltungen. Doch hatten diese nun meist patriotische Inhalte oder wurden zugunsten eines guten Zweckes im Hinblick auf die Kriegsanstrengungen ausgerichtet. Dies zeigt sich zum Beispiel an dem Theaterstück „Familie Pfannkuch oder Hessentreue", das im Herbst 1914 in Windecken aufgeführt wurde. Die Handlung spielte 100 Jahre zuvor während der französischen

Besatzungszeit, als sich eine Gruppe von „Helden" hervortat. Scheer kündigte die Veranstaltung auf der Titelseite und im Anzeigenbereich der Windecker Zeitung an.[138] Das Stück wurde im Windecker Lokal „Zur Hochmühle" aufgeführt, die Einnahmen von 50 Mark wurden für das Rote Kreuz gespendet. Über den erfolgreichen Abend berichtete Scheer in der folgenden Ausgabe.[139] Verantwortlich für die Inszenierung war Johannes Breiholz, der „Direktor für vaterländische Schauspielaufführungen und Volkskundeabende"; seine Leistung sei, so kommentierte Scheer, „wie immer auf der Höhe" gewesen.[140] Zuvor war das Ensemble offenbar bereits in anderen Städten aufgetreten, darunter allein zwölf Mal in Hanau, in Frankfurt und in Friedberg.[141] Eine weitere Inszenierung des Direktors Breiholz folgte im Oktober 1915 mit dem Stück „Königin Luise oder: Die Rose von Magdeburg", einem „historischen Schauspiel in 4 Abteilungen", welches wiederum zu wohltätigen Zwecken in der Hochmühle aufgeführt wurde.[142] Auch der Kirchenchor veranstaltete eine „Abendunterhaltung", deren Reinertrag den Windeckern im Krieg zugute kommen sollte.[143] Insgesamt kamen an jenem Abend 45 Mark zusammen.[144]

An Weihnachten war die Trennung von den Angehörigen besonders schlimm. Schon Wochen vor dem Fest begannen die Windecker mit den Vorbereitungen für den Versand von Feldpostpaketen. Metropolitan Baumann und Pfarrer Henß schrieben einen „Weihnachtsgruß für Windeckens Krieger", eine achtseitige Broschüre, die mit aufmunternden Worten und Berichten aus der Heimat gefüllt war. In dem Gruß fasst Baumann die Gefühle stellvertretend für die Gemeinde zusammen: Dieses Weihnachten sei „ernst" und „traurig", die Abwesenheit der Soldaten sei schwer für viele. „Doppelt fühlbar" sei dieser Schmerz in denjenigen Familien, „wo eure Kameraden nicht mehr leben".[145] Die Hoffnung der Pfarrer war, mit dem Gruß und den Weihnachtspaketen den Soldaten an der Front ein schönes Fest bescheren zu können.

Schon zur Jahreswende 1914/15 wurde vielfach der Wunsch nach einem baldigen Frieden ausgesprochen, an der Front ebenso wie in der Heimat. So schickte ein Windecker Soldat, wie die Windecker Zeitung berichtete, mit seinem Dankesschreiben für das erhaltene Weihnachtspaket ein Gedicht mit dem Titel „Ach wär' doch der schreckliche Krieg bald zu End!" nach Hause.[146] Analog schrieb

---

[138] WZ Nr. 83, 17. Oktober 1914, S. 1.
[139] WZ Nr. 84, 21. Oktober 1914, S. 1.
[140] WZ Nr. 83, 17. Oktober 1914, S. 1.
[141] Ebd., S. 1 und 4; Oberhessische Volkszeitung. Neue Tageszeitung Nr. 219, 18. September 1914, S. 3.
[142] WZ Nr. 80, 6. Oktober 1915, S. 4.
[143] WZ Nr. 89, 7. November 1914, S. 1.
[144] WZ Nr. 90, 11. November 1914, S. 1.
[145] Weihnachtsgruß für Windeckens Krieger 1914, S. 1–8, Archiv der Evangelischen Kirchengemeinde Windecken. Der „Weihnachtsgruß" enthielt eine vollständige Liste der zum Zeitpunkt des Drucks aus Windecken eingezogenen Soldaten, ebd., S. 7f.
[146] WZ Nr. 95, 2. Dezember 1914, S. 1.

2 Windecken als Heimatfront

Marie Henß, die Ehefrau des Pfarrers und Leiterin der „Frauenhilfe", im „Neujahrsgruß an Windeckens Krieger" zur Jahreswende:

> „Den einzigen, großen Wunsch, der alle beseelt, den kennt Ihr ja: Daß das neue Jahr uns den heiß ersehnten Frieden bringen und Euch sieggekrönt zu uns zurückführen möge, erflehen wir vor allem anderen!"[147]

In der Neujahrsausgabe der Windecker Zeitung hieß es, die Stimmung im Ort sei „gedrückt".[148] Das vermochten auch die Siegesnachrichten, die am Vorabend des neuen Jahres in Windecken eingetroffen waren, nicht zu ändern.[149] Um Mitternacht füllte sich der Marktplatz, „feierliches Glockengeläute" ertönte, um das neue Jahr zu begrüßen.[150] Scheers Artikel gibt Aufschluss darüber, dass das Silvesterfest für einen kurzen Moment fast „normal" gewesen sei, als „ringsum die üblichen ‚Prosit Neujahr-Rufe' erschallten".[151] Die Ausrufe hielten jedoch nicht lange an, denn sie verstummten schnell und die Ruhe kehrte zurück. Lediglich in den Gasthäusern „herrschte noch reges Leben".[152] „In diesem Jahre", so vermutete Scheer, „ist der Wunsch eines jeden Menschen, daß der schreckliche Krieg bald zu Ende wäre und es wieder Frieden würde."[153]

Zu diesem Zeitpunkt ging Scheer noch davon aus, dass ein Frieden durch den Sieg des Deutschen Reiches erreicht würde. Allerdings seien die Verantwortlichen in Frankreich und im Zarenreich noch nicht bereit, sich die „bitteren Notwendigkeiten" einzugestehen, „die früher oder später das verpönte Wort ‚Frieden' auf die Tagesordnung setzen werden".[154] Ende Mai 1915 veröffentlichte Scheer sogar eine humoristische Berechnung, wann der Frieden zurückkehren werde:

> „Addiert man die Jahreszahlen 1870 und 1871 so ergibt die Gesamtsumme die Zahl 3471. Addiert man nun die beiden ersten Zahlen 3 und 7 gleich 10 und die beiden Zahlen 4 und 1 gleich 5, so findet man, daß im Jahre 1871 der Frieden am 10. des 5. Monats geschlossen wurde. Wendet man das gleiche Exempel bei dem jetzigen Kriege an, so müßte am 11. November d. J. der Frieden geschlossen werden. Ob es wahr wird?"[155]

Ein weiteres Fest, das durch den Krieg Veränderungen erfuhr, war der Geburtstag des Kaisers. In den Vorkriegsjahren hatte stets ein großer Festakt stattgefunden. Im Jahr 1915 äußerte der Kaiser jedoch den Wunsch, dass die Feierlichkeiten

---

[147] Neujahrsgruß an Windeckens Krieger 1915, S. 5, Archiv der Evangelischen Kirchengemeinde Windecken.
[148] WZ Nr. 1, 2. Januar 1915, S. 1.
[149] Ebd.
[150] Ebd.
[151] Ebd.
[152] Ebd.
[153] Ebd.
[154] WZ Nr. 14. 2. Januar 1915, S. 2.
[155] WZ Nr. 42, 26. Mai 1915, S. 1. Tatsächlich wurde der Waffenstillstand am 11. November abgeschlossen, allerdings erst drei Jahre später.

„diesmal wesentliche Einschränkungen" erfahren sollten. So sollten öffentliche Veranstaltungen, „die den Charakter von Vergnügen" hätten, aufgrund der ernsten Zeit ausfallen.[156] Geplante kirchliche Feiern hingegen sollten wie gewohnt stattfinden. Der Gottesdienst, den Pfarrer Henß zum Kaisergeburtstag hielt, sei, so die Windecker Zeitung, gut besucht gewesen. Scheer fand, das deutsche Volk habe den Festtag „noch nie in solch verinnerlichter, zu Herzen gehender Form" begangen wie jetzt.[157]

Erhebliche Einschränkungen gab es im Deutschen Reich bei den wenig später anstehenden Karnevalsfeiern. Vor dem Hintergrund der ernsten Zeit wurden alle „öffentlichen Maskeraden" durch die preußische Staatsregierung untersagt, wie Scheer aus der Vossischen Zeitung erfahren hatte.[158] Scheer hielt dies für ein „lobenswertes Verbot"[159], obwohl es sein Geschäft beeinträchtigt haben dürfte, denn vor dem Krieg hatte er in seinem Laden Karnevalsverkleidungen und Kostüme verkauft.[160]

Umso größeren Aufwand betrieb die Region um Hanau für die Feierlichkeiten anlässlich des 100. Geburtstags von Bismarck am 1. April 1915. Die Windecker Zeitung widmete dem ehemaligen Reichskanzler beinahe die Hälfte des Titelblatts der Mittwochsausgabe. Darauf war ein Porträt Bismarcks abgebildet, darunter ein Lobgedicht mit der Überschrift „Des Deutschen Reiches Schmied". Die letzte Seite enthielt ein weiteres Gedicht zu Ehren Bismarcks.[161] Der Hanauer Anzeiger hatte am 30. März eine ausführliche Beschreibung der geplanten Feierlichkeiten und der daran Beteiligten veröffentlicht. Die Programmpunkte in Hanau umfassten unter anderem Glockengeläut, Vorträge, Gesang und den Besuch der Bismarcksäule. Der Hanauer „Ausschuß für die Gedenkfeier" bat zudem in einer Anzeige um „allgemeine Beflaggung".[162] Am 31. März titelte das Blatt mit einem großen Portrait Bismarcks, das ähnlich verziert war, wie das in der Windecker Zeitung.[163] Beide waren von einem ovalen Rahmen umgeben, der mit Eichenblättern und Eicheln dekoriert war, die seit dem 19. Jahrhundert bekannte patriotische Symbole waren.[164]

In Windecken gingen am Palmsonntag im März 1915 die Jugendlichen zur Konfirmation. Im Vorhinein wurde aus diesem Anlass in der Zeitung noch einmal daran erinnert, dass „jedes Backen von Kuchen (...) unter allen Umständen aufs strengste" verboten sei.[165] Die Behörden waren sehr konsequent bei der Ahndung

---

[156] WZ Nr. 6, 20. Januar 1915, S. 1.
[157] WZ Nr. 8, 27. Januar 1915, S. 1.
[158] WZ Nr. 3, 9. Januar 1915, S. 1.
[159] Ebd.
[160] WZ Nr. 9 und Nr. 10, 2. und 5. Februar 1910, jeweils S. 4.
[161] WZ Nr. 26, 31. März 1915, S. 1 u. 4.
[162] Hanauer Anzeiger Nr. 75, 30. März 1915, S. 5 u. 8.
[163] Hanauer Anzeiger Nr. 76, 31. März 1915, S. 1.
[164] Tacke, Denkmal im sozialen Raum, S. 66f.
[165] WZ Nr. 25, 27. März 1915, S. 1.

2 Windecken als Heimatfront

von Zuwiderhandlungen gegen diese Anordnung. Ein Hanauer Polizist kontrollierte die Einhaltung des Verbots, indem er die Häuser von Dorfbewohnern in Eichen und Erbstadt inspizierte[166], wobei er in zwei Häusern fündig wurde.[167] Der Hanauer Kreisausschuss und der Magistrat kritisierten im Anschluss, es sei wiederholt dazu gekommen, dass in Familien Kuchen für Konfirmationsfeiern gebacken worden seien. Entsprechend wurde erneut mit Nachdruck wiederholt, dass es allgemein verboten sei, Kuchen aus Weizen- und Roggenmehl herzustellen, ob zu gewerblichen oder zu privaten Zwecken. Wer aus „Rücksichtslosigkeit" gegen das Verbot verstoße, verschwende damit Nahrungsmittel, die dringend für die Ernährung des Volkes benötigt würden. Widerrechtlich gebackene Kuchen würden ausnahmslos und entschädigungslos beschlagnahmt. Gewerbetreibenden würde darüber hinaus „sofort das Geschäft geschlossen". Hinzu kämen strafrechtliche Konsequenzen. Bisher hätten sich die Gerichte zwar darauf beschränkt, dies mit Geldstrafen zu ahnden, jedoch sei es durchaus möglich, dass die Handlungen mit Gefängnisaufenthalten bestraft würden.[168]

Das Kuchenverbot sorgte im Folgejahr auch andernorts für kuriose Ereignisse. Aus Weilburg berichtete die Sossenheimer Zeitung 1916 von einer Frau, die trotz des Verbots den Wunsch hegte, zur Konfirmation Kuchen zu backen. Daher habe sie versucht, beim Landratsamt eine Sondergenehmigung zu beantragen. Der Beamte vor Ort habe sie gefragt, ob sie über genügend Mehl verfüge, um den gewünschten Kuchen herzustellen, woraufhin sie angab, insgesamt 75 Pfund Weizenmehl zu besitzen. Der Beamte habe daraufhin mit „einem etwas geheimnisvollen Lächeln" erwidert, da sie Mehl hätte, dürfe sie auch backen. Die Freude währte nur kurz: Bevor die Dame nämlich zuhause angekommen sei, habe der Beamte bereits telefonisch beim Bürgermeister erwirkt, dass ihre Vorräte beschlagnahmt wurden.[169]

Auch das Osterfest 1915 stand in Windecken, schrieb Scheer, „unter dem Kampfgetöse". Zugleich wünschte er sich, dass das Fest „mit seiner Siegesbotschaft" mehr als in anderen Jahren „neuen Mut und neue Hoffnung" verbreiten werde.[170]

Insgesamt scheinen die Feiertage im ersten Kriegsjahr mit intensiverer Frömmigkeit begangen worden zu sein. Vor allem der Totensonntag gewann während des Kriegs an Bedeutung. Am 21. November 1915 beging die evangelische Gemeinde in Windecken das Fest mit besonderer Andacht und trauerte um die Kriegsgefallenen. Gemeinsam mit allen anderen Gemeinden des Konsistorialbezirks läuteten die Windecker Glocken. Im „Heimatgruß für Windeckens Krieger" zum Weihnachtsfest 1915 wurde berichtet, man habe „in teilnehmender

---

[166] Ebd.
[167] Vgl. Castendyck, Kriegschronik, S. 69; Katja Alt geht ausführlich auf diese Vorgänge ein: Alt, Kriegsalltag, S. 28f.
[168] WZ Nr. 27, 3. April 1915, S. 1.
[169] Sossenheimer Zeitung. Amtliches Bekanntmachungsblatt für die Gemeinde Sossenheim Nr. 35, 3. Mai 1916, S. 1.
[170] WZ Nr. 27, 3. April 1915, S. 1.

Trauer und heißer Dankbarkeit" derer gedacht, die ihr Leben für das Vaterland gelassen hätten.[171]

8. Feindbilder, Gerüchte und Angst

Für bayerische Landgemeinden hat Benjamin Ziemann ein Gefühl von tiefgehender Verzweiflung über den Krieg nachgewiesen, die sich insbesondere direkt nach dessen Ausbruch äußerte. Ziemann berichtet, manche Ehefrau habe nach der Einberufung des Ehemannes Suizid begangen[172]; solche dramatischen Vorkommnisse sind für die Stadt Windecken nicht übermittelt. Die Windecker Zeitung berichtete zwar Mitte Januar 1915 über den Fund der Leiche einer gut gekleideten Frau nahe des Windecker Bahnhofs. Bei dem Opfer handelte es sich aber offenbar um eine Frau aus einer Nachbargemeinde. Diese hatte sich das Leben genommen, indem sie sich von einem Zug überfahren ließ.[173] In der folgenden Ausgabe gab Scheer an, die Leiche sei identifiziert worden, es handele sich bei der Toten um eine Frau Schindler aus Rheinhessen, die in der Nähe ihre Tochter besucht habe. Der Grund für ihren Suizid sei Verzweiflung gewesen[174], wodurch diese ausgelöst wurde, blieb unbekannt. Im Februar berichtete die Windecker Zeitung, ein unbekannter Mann habe Suizid begangen, indem er sich zwischen Assenheim und Erbstadt vor einen Zug geworfen habe.[175] Da Scheer den Fall nicht wieder aufgriff, ist nicht klar, ob er im Zusammenhang mit dem Krieg stand oder nicht.

Durch den Krieg wurden sehr starke patriotische Emotionen hervorgerufen. Betroffen war davon auch die Sprache, auf die sich der Krieg deutlich auswirkte. War der Gebrauch insbesondere französischer Begriffe seit dem 19. Jahrhundert sehr beliebt gewesen, so wurden diese nun nicht mehr gerne gesehen. Scheer bemerkte in einem Artikel vom Dezember 1914, das Ausland mokiere sich längst über die Deutschen, weil diese so viele fremdsprachliche Worte verwendeten. Dies müsse enden. Die deutsche Sprache stelle alle benötigten Begriffe zur Verfügung, sodass gar kein Bedarf bestehe, Fremdwörter zu benutzen. Daher unterstützte Scheer die Forderung des Allgemeinen Deutschen Sprachvereins, „kein Fremdwort für das, was deutsch gut ausgedrückt werden kann", zu verwenden.[176]

Eine ähnliche Auffassung hatte Scheer bereits im September desselben Jahres geäußert, damals bezogen auf die französische Abschiedsformel „Adieu", die seiner Ansicht nach den „deutschen Gruß" verdrängte. Für Scheer war die Verwendung des Wortes „Adieu" ein Ausdruck der „Schwäche und Zerrissenheit" Deutschlands, das im 17. Jahrhundert nach dem Ende des Dreißigjährigen Krie-

---

[171] Heimatgruß für Windeckens Krieger zum Weihnachtsfest 1915, S. 12, Archiv der Evangelischen Kirchengemeinde Windecken.
[172] Ziemann, Front und Heimat, S. 45.
[173] WZ Nr. 6, 20. Januar 1915, S. 1.
[174] WZ Nr. 7, 23. Januar 1915, S. 1.
[175] WZ Nr. 15, 20. Februar 1915, S. 4.
[176] WZ Nr. 100, 19. Dezember 1914, S. 1.

2 Windecken als Heimatfront

ges „völlig der Ausländerei verfallen" sei. Das Volk habe sich regelrecht der eigenen Sprache geschämt, was dazu geführt habe, dass die Bürger – hier zitiert Scheer den Aufklärer Christian Thomasius – „selbst Gott französisch im Munde führen". Für Scheer war diese Angewohnheit ein „beschämender Nachhall und Fortklang" der „Nachäfferei und Liebedienerei", die seine Landsleute schon seit langer Zeit für „fremdes Wesen", insbesondere das des „französischen Erbfeindes", betrieben hätten. Er bedauerte, dass französische Wörter alle schönen deutschsprachigen Begriffe aus dem Alltag verdrängt hätten. Insbesondere ältere Leute würden immer wieder auf die fremdsprachlichen Begriffe zurückgreifen. Als Alternative schlug Scheer die Verwendung von „Lebewohl" oder „Auf Wiedersehen" zur Verabschiedung und zur Begrüßung „Grüß Gott" vor und forderte seine Leserinnen und Leser auf, „die alte schlechte Grußformel Adieu" durch diese oder andere deutsche Begriffe zu ersetzen.[177] Die deutsche Sprache wurde in der Windecker Zeitung als überlegen dargestellt, denn sie umfasse wesentlich mehr Begriffe als das Französische oder Englische: 500 000 deutschen Wörtern, unter denen sich rund 70 000 Fremd- und Lehnwörter befänden, stünden lediglich 110 000 französische und 120 000 englische Ausdrücke gegenüber.[178]

Bei der „Verdeutschung" von Fremdwörtern handelte es sich um ein Phänomen, das insbesondere zu Beginn des Krieges zum Tragen kam. Volker Standt weist für die Stadt Köln nach, dass dort die „Eliminierung der Fremdwörter geradezu systematisch betrieben worden" ist. Ebenso wie die Windecker Zeitung beteiligte sich auch der Kölner Stadtanzeiger an der Verbreitung neuer deutscher Wortschöpfungen, die die ausländischen Begriffe ersetzen sollten. Nach der ersten Welle der „Verdeutschungen" am Beginn des Krieges 1914 lebte der Trend im Juni 1915 zumindest in Köln wieder auf. Doch schon im Juli dieses Jahres beklagte der Kölner Stadtanzeiger, „dass die Verdeutschung" von Fremdwörtern „zum Stillstand" gekommen sei.[179]

Vor dem Ausbruch des Krieges waren in weiten Teilen insbesondere der ländlichen Bevölkerung keine Anzeichen von Feindbildern zu erkennen. Diese entstanden erst durch die Propaganda der Reichsregierung.[180] Bereits am 2. August 1914 meldeten zahlreiche deutsche Zeitungen einen angeblichen Bombenanschlag auf eine Nürnberger Eisenbahnstrecke.[181] Dies war jedoch eine von der Reichsregierung verbreitete Falschmeldung, die darauf abzielte, die angeblichen Täter, die Franzosen, als Aggressoren hinzustellen.[182] Der Regierung dienten der-

---

[177] WZ Nr. 76, 23. September 1914, S. 4.
[178] WZ Nr. 30, 14. April 1915, S. 3. Die von Scheer angeführten Zahlen für die englische und französische Sprache waren weit entfernt von der Realität. So umfasste das seit Mitte des 19. Jahrhunderts erstellte Oxford English Dictionary mehr als 414 000 Wörter.
[179] Standt, Köln im Ersten Weltkrieg, S. 180f.
[180] Für bayerische Landgemeinden beschreibt das Ziemann, Front und Heimat, S. 43.
[181] Ebd., S. 52; vgl. Nübel, Die Mobilisierung, S. 81.
[182] Ziemann, Front und Heimat, S. 52; siehe auch Geinitz, Freiburg, S. 105.

artige „fake news" als Argument für ihre Behauptung, der Krieg sei dem Deutschen Reich aufgedrängt worden. Reichskanzler Theobald von Bethmann Hollweg bezog sich auf den angeblichen Angriff, um in einer Reichstagsrede zu erklären, bei den militärischen Aktionen des Reiches handele es sich lediglich um Notwehr.[183]

Die Windecker Zeitung berichtete über den angeblichen Vorfall nicht, allerdings wurde am 5. August 1914 eine amtliche Bekanntmachung abgedruckt, in der es hieß, die Feinde, insbesondere Franzosen und Russen, hätten bereits mehrfach versucht, Anschläge auf die Deutschen zu begehen, um den Aufmarsch der deutschen Truppen zu verhindern.[184] Es habe einige Angriffe auf „wichtige Kunstbauten, Eisenbahnbrücken, Tunnels und dergleichen" gegeben. In der gleichen Ausgabe berichtete Scheer von Gerüchten über den Absturz eines französischen „Flugapparats", der angeblich „erfolglos" versucht habe, Bomben auf den Frankfurter Bahnhof abzuwerfen. Scheer mutmaßte, der Flieger sei von einer Kugel getroffen worden und habe noch einige Meter zurückgelegt, bevor er zwischen Hanau und Friedberg abgestürzt sei[185], eine Nachricht, die sich aber nicht verifizieren lässt. In der Nacht des 9. August 1914 warfen französische Flieger tatsächlich Bomben auf deutschem Boden ab. Sie trafen jedoch nicht wie geplant den Trierer Bahnhof, sondern lediglich nahegelegene Gleise. Vorausgegangen waren dieser Aktion deutsche Luftangriffe auf die Festung Lüttich am 6. August.[186]

Weitere Meldungen, die zur „Notwehr-Legende" beitrugen, betrafen angebliche Grenzübertritte der Feinde. Bereits vor dem Kriegsausbruch wurden in Freiburger Zeitungen wiederholt Grenzverletzungen durch die Franzosen gemeldet. Laut Christian Geinitz fiel diese Propaganda in der Grenzregion Freiburg „auf fruchtbaren Boden". Das Vertrauen in die inländischen Medien sei groß gewesen, entsprechend hätten die Freiburger den Falschmeldungen über Fliegerangriffe auf deutsche Städte Glauben geschenkt.[187]

Gerade am Anfang des Krieges richtete sich die Propaganda der Medien vor allem gegen die feindlichen *Regierungen* und nicht gegen die *Völker*, wie ein Beispiel aus Wiesbaden zeigt: Am 6. August berichtete das Wiesbadener Tageblatt zwar einerseits, dass die „revanchelustigen Franzosen" und die „germanischen Engländer" sich nun auf die Seite des „kulturfeindlichen Zarismus" geschlagen hätten. Weiter hieß es jedoch, die Wiesbadener seien den Umgang mit Ausländern gewohnt und „weit davon entfernt, eine fremdenhassende" Bevölkerung zu sein. Und man wisse „sehr wohl, daß lange nicht alle Engländer und alle Franzosen hinter der kriegslustigen Regierung der beiden Völkerschaften stehen". Und auch unter dem Volk der Russen gebe es Personen, die „mit der zaristischen Gewaltherrschaft absolut nicht einverstanden sind". Entsprechend wurde in dem

---

[183] Nübel, Die Mobilisierung, S. 81.
[184] WZ Nr. 62, 5. August 1914, S. 4.
[185] Ebd., S. 1.
[186] Nieß/Rings, Der Krieg kommt in die Heimat, S. 108.
[187] Geinitz, Freiburg, S. 105.

Artikel vor aufkeimendem Fremdenhass gewarnt. Der Autor fügte bedauernd hinzu, es bestehe bereits „die Gefahr", dass es „zu schroffem, wenn nicht sogar feindseligem Vorgehen gegenüber den hier lebenden Ausländern" komme. Das sei jedoch absolut zu vermeiden, um dem Ausland keinen Anlass zu geben, „uns irgendeines Unrechts zu bezichtigen".[188]

Anders als in der Großstadt Wiesbaden war der Kontakt zu Ausländern in der Landgemeinde Windecken recht begrenzt, was die ausländerfeindliche Propaganda erleichtert haben dürfte. Am 5. August 1914 mahnte Scheer eindringlich dazu, den Kindern beizubringen, keine Süßigkeiten oder Früchte von Fremden anzunehmen, da diese häufig vergiftet seien.[189] Scheer schrieb zwar nicht, dass es sich bei diesen Fremden um ausländische Feinde gehandelt habe, aber die Meldung passte durchaus in die allgemeine Stimmung und Angst vor ausländischen „Agenten".[190]

In derselben Ausgabe warnte Wilhelm Scheer seine Mitbürger vor Spionen.[191] Damit folgte die Windecker Zeitung einem reichsweiten Trend: Wolff's Telegraphisches Bureau etwa warnte intensiv vor dieser angeblichen Gefahr und forderte alle Bürger dazu auf, ihr Möglichstes zur Bekämpfung der Bedrohung durch feindliche Spione beizutragen. Diese Meldungen wurden von zahlreichen Medien übernommen.[192] Die Angst vor Spionen hatte sich zu diesem Zeitpunkt im gesamten Deutschen Reich ausgebreitet.[193] Auch Scheer betonte die Wichtigkeit der „Aufmerksamkeit", denn so könne jeder „zum glücklichen Ausgang des Krieges beitragen".[194]

Andernorts kam es zu zahlreichen Zwischenfällen, bei denen regelmäßig Militär, Polizei und Feuerwehr ausrücken mussten.[195] Auch Scheer erwähnte eine Verhaftung am 3. August in Berlin. Dort habe die Polizei einige russische Staatsangehörige, die sich „verdächtig gemacht hatten und nicht genügend ausweisen konnten", verhaftet. Die Verdächtigen würden, so Scheer, als Kriegsgefangene nach Spandau gebracht.[196]

Der Staat trug durch die Verbreitung von Nachrichten über angebliche Sichtungen und Verhaftungen von Spionen wesentlich dazu bei, die Angst vor feindlichen Agenten zu schüren.[197] So entstand bei der Bevölkerung das Gefühl unmittelbarer Bedrohung, welches wiederum zum Glauben beitrug, das Reich befinde

---

[188] Wiesbadener Tageblatt Nr. 361, 6. August 1914 (Morgenausgabe), S. 4.
[189] WZ Nr. 63, 8. August 1914, S. 1.
[190] Vgl. Nübel, Die Mobilisierung, S. 80f.
[191] WZ Nr. 62, 5. August 1914, S. 1.
[192] Kellerhoff, Heimatfront, S. 81.
[193] Geinitz, Freiburg, S. 170.
[194] Kellerhoff, Heimatfront, S. 81.
[195] Nübel, Die Mobilisierung, S. 81.
[196] WZ Nr. 62, 5. August 1914, S. 4.
[197] Geinitz, Freiburg, S. 168–170.

sich in einem Verteidigungskrieg.[198] Die Strategie war erfolgreich, denn das Misstrauen der Menschen war nahezu grenzenlos. Sogar Nonnen waren vor diesem Argwohn nicht sicher, wie ein Bericht aus der Stadt Münster zeigt: Dort wurden einige Nonnen als feindliche Agentinnen verdächtigt und durch Zivilisten am Bahnhof festgehalten.[199] In Ludwigshafen wurde sogar auf vorbeifahrende Autos geschossen, weil sich in ihnen, so die Vermutung, Kollaborateure der Feindesländer befänden.[200] Derartige Vorfälle wurden selbst dem deutschen Generalstab zuviel, der schon Mitte August förmlich untersagte, auf Automobile zu schießen, denn es befänden sich keine „verdächtigen" oder „feindlichen" Fahrzeuge mehr im Reich.[201]

Die Jagd auf angebliche Spione hatte nicht nur den Effekt, in Teilen der Bevölkerung Panik auszulösen, sie führte darüber hinaus zur Entstehung einer „Verteidigungsgesellschaft", in der jeder einzelne sich und sein Engagement für das Reich demonstrieren konnte.[202] Dies wurde zusätzlich unterstützt durch die Bevollmächtigung aller Privatpersonen, Verdächtige festzunehmen.[203] In einer amtlichen Meldung, die Scheer am 5. August 1914 in der Windecker Zeitung veröffentlichte, wurde auf die „bedeutsame Aufgabe" hingewiesen, die den Daheimgebliebenen zukomme. Bereits wiederholt hätten ausländische Agenten versucht, Anschläge zu begehen. Es sei die „heilige Pflicht" der Menschen, dazu beizutragen, dass diese Versuche vereitelt würden. Schon jetzt hätten sich einige Personen als überaus hilfreich erwiesen, indem sie dazu beigetragen hätten, Spione zu entlarven. Wer bei der Ergreifung der Feinde helfe, erwerbe sich ein „Verdienst um Kaiser und Reich".[204] Mancherorts war die durch derartige Propaganda erzeugte Verunsicherung der Bevölkerung so groß, dass die Regierung Beeinträchtigungen der Mobilmachung befürchtete. Deshalb wurde versucht, durch Regelungen dagegen vorzugehen, dass Bürger auf eigene Faust Jagd auf Spione machten[205], nachdem man sie zuvor genau dazu ermuntert hatte.

Die Angst vor Spionen wurde im Verlauf des Krieges immer wieder geschürt. Mitte Juli 1915 warnte Scheer in der Windecker Zeitung erneut vor der Gefahr von Spionen. Es sei, so schrieb er, ein „verhängnisvoller Irrsinn", die Gefahr zu unterschätzen, denn die Agenten aus Ländern des Vierbundes (gemeint sind England, Frankreich, Russland und Italien) würden über die Schweiz, Holland oder Skandinavien nach Deutschland einreisen. Hierfür würden sie häufig Ausweisdokumente aus neutralen Staaten verwenden. Weiterhin wurde den Leserinnen

---

[198] Ebd., S. 170.
[199] Thies, Das Augusterlebnis in Münster, S. 109. Über den „Übereifer" der lokalen Bevölkerung bei der Jagd auf Spione berichtete auch Pfarrer Castendyck aus Eichen in seiner Kriegschronik, S. 57.
[200] Nieß/Rings, Der Krieg kommt in die Heimat, S. 106.
[201] „Nicht auf Automobile schießen!", WZ Nr. 64, 12. August 1914, S. 4.
[202] Nübel, Die Mobilisierung, S. 80.
[203] Ebd.
[204] WZ Nr. 62, 5. August 1914, S. 4.
[205] Stöcker, Augusterlebnis, S. 71.

2 Windecken als Heimatfront

und Lesern eingeschärft, es sei ihre „Pflicht" aufmerksam zu sein und so bei der Ergreifung der Spione zu helfen. Es gelte die Devise „Augen auf und Mund zu". Insbesondere seien die Spione interessiert an Informationen zur „Stärke, Zusammensetzung und Verteilung" des deutschen Heeres. Wenn solche Informationen in Feindeshand gerieten, könne das fatale Folgen haben und „hunderten unserer tapferen Soldaten das Leben kosten". Wer eine „solche Fahrlässigkeit" begehe, mache sich eines „schweren Verbrechens am Vaterland schuldig und gefährde das kostbare Leben derer, die für uns kämpfen". Zwar sei die Gefahr in den Grenzgebieten am höchsten, doch auch im Inland würden sich Spione herumtreiben. Jede „unbedachte Mitteilung aus Feldpostbriefen" stelle eine Gefahr dar. Umgekehrt könne jeder durch seine Verschwiegenheit dazu beitragen, „daß dem Feinde alles, was unser Heer und unsere Flotte betrifft, verborgen bleibt".[206]

Wilhelm Scheer trug durch die regelmäßige Veröffentlichung derartiger Artikel erheblich dazu bei, Feindbilder und Ängste in der Windecker Bevölkerung zu verbreiten. Ein prägnantes Beispiel dafür stammt aus dem Oktober 1914. In der Rubrik „Der Krieg" veröffentlichte Scheer einen Artikel mit dem Titel „Mangel der sittlichen Kraft in Frankreich". Darin bezog sich Scheer auf Reichskanzler Bethmann Hollweg, der erklärt habe, dass das gesamte deutsche Volk das „Bewußtsein der Gerechtigkeit dieses Kriegs" gemeinsam habe. Anschließend ging Scheer auf den Erfolg der Deutschen im Krieg ein. Dieser beruhe auf deren „moralischer Kraft". Mit einer solchen Kraft könnten die anderen Länder nicht mithalten, im Gegenteil, England sei getrieben von Neid, Russland von der „Eroberungssucht einflußreicher Cliquen". Das französische Volk selbst sei nicht vollständig angetrieben von Rachsucht, diese betreffe vor allem die Riege der „Afferisten", also gewissenlose Geschäftsleute (*affairistes*), sowie Berufspolitiker in Paris. Scheer konstatierte, in Frankreich sei der Versuch gescheitert, das Volk für einen Krieg zu mobilisieren, indem man ihm Rache für den vorausgegangenen Krieg von 1870/71 versprach.[207]

Auch gegen die Belgier wurde gewettert. Mit einem Blick über die Grenze behauptete Scheer, die belgischen Medien würden explizit zum Totschlagen von deutschen Soldaten aufrufen[208], die Zivilbevölkerung würde aus „völlig blindem Haß auf alles, was deutsch ist" die Soldaten beschießen, Männer wie Frauen würden sich an diesen Gräueltaten beteiligen, sodass das deutsche Heer bereits größere Verluste durch die Zivilbevölkerung erlitten habe.[209] Über die von den deutschen Truppen an der Zivilbevölkerung in Belgien begangenen Greueltaten, die später als „Rape of Belgium"[210] in die Geschichte eingingen, war in deutschen

---

[206] WZ Nr. 53, 2. Juli 1915, S. 2.
[207] WZ Nr. 82, 14. Oktober 1914, S. 4.
[208] WZ Nr. 69, 29. August 1914, S. 4.
[209] „Belgische Greuel", WZ Nr. 64, 12. August 1914, S. 4.
[210] Nach amtlichen Angaben aus Belgien töteten deutsche Soldaten allein im Jahre 1914 circa fünfeinhalbtausend belgische Zivilisten vorsätzlich; vgl. Kramer, „Greueltaten", S. 105; ausführlich: Horne/Kramer, Deutsche Kriegsgreuel 1914.

Zeitungen natürlich nichts zu lesen. Es ist auch unwahrscheinlich, dass Scheer von diesen Vorkommnissen nähere Kenntnis hatte. Die Berichte aus ausländischen Medien über Plünderungen der „Wohnungen der Geflohenen" durch „unsere Soldaten" tat er als feindliche Propaganda ab. Um diese Ansicht zu belegen, druckte Scheer den Bericht eines deutschen Soldaten aus dem belgischen Roye. Darin wird behauptet, dass die Plünderungen von „zurückgebliebenen Einheimischen" begangen würden.[211] Ein weiterer Brief, der belegen sollte, dass die Plünderungen von „Dorfgenossen" begangen wurden, erschien Anfang November, und wiederum versicherte ein deutscher Soldat aus Belgien, er selbst habe dieses Verhalten beobachten können. Gleichzeitig erklärte der Verfasser, die Franzosen würden sicherlich dafür sorgen, dass die Taten den Deutschen angelastet würden.[212]

Mehrfach befasste sich Scheer in der Windecker Zeitung mit den Vereinigten Staaten von Amerika, die zu dieser Zeit noch neutral waren. Schon im August 1914 wies er in einem Artikel darauf hin, dass sich im Deutschen Reich „zahlreiche" Amerikaner aufhielten, die man aufgrund ihrer Sprache für Engländer halten könne. Aber es handele sich bei den Amerikanern nicht um Feinde, sondern ganz im Gegenteil um Freunde.[213] Die gleiche Ausgabe der Zeitung enthielt einen weiteren Artikel, in dem Scheer alle „Freunde" der Deutschen auflistete. Ihre „Sympathie" gegenüber den Deutschen sei „besonders wertvoll".[214] Im März 1915 befasste sich Scheer erneut mit den Vereinigten Staaten – dort habe zwar seither eine „englandfreundliche Stimmung" geherrscht, doch durch das Verhalten des Feindes fange nun auch die amerikanische Regierung zunehmend damit an, die „ehrliche und offene Art" Deutschlands zu schätzen.[215] Weiterhin sei es kein Geheimnis, dass die Deutschen in „den meisten" Ländern Südamerikas „einen Stein im Brett" hätten.[216]

Zusätzliche „Freunde" glaubte Scheer in den benachbarten Niederlanden zu erkennen, die sich zu „bewaffneter Neutralität" entschieden hatten. Diese angebliche Zugewandtheit begründete Scheer mit der „Stammesverwandtschaft" der beiden Länder. Entsprechend hätten deutsche Soldaten, die in Belgien verwundet oder aus dem Land getrieben worden seien, „eine liebevolle Aufnahme (…) in Holland gefunden."[217]

Des Weiteren glaubte Scheer, dass Dänemark gegenüber dem Deutschen Reich wohlwollend eingestellt sei. Keinesfalls versuche das Land, sich für die Ereignisse von 1864 zu rächen, als Preußen und Österreich im Deutsch-Dänischen Krieg die Herzogtümer Holstein und Schleswig erobert hatten, die bis dahin Teil

---

[211] WZ Nr. 86, 28. Oktober 1914, S. 3.
[212] WZ Nr. 89, 7. November 1914, S. 3.
[213] „Amerikaner unsere Freunde", WZ Nr. 66, 19. August 1914, S. 2.
[214] Ebd., S. 4.
[215] WZ Nr. 21. März 1915, S. 2.
[216] WZ Nr. 66, 19. August 1914, S. 4.
[217] Ebd.

2 Windecken als Heimatfront

des Königreichs Dänemark gewesen waren. So würde das Nachbarland im eigenen Interesse den Frieden bewahren, gleichzeitig aber „Sympathiebekundungen" gegenüber den Deutschen zum Ausdruck bringen.[218] Dies gelte auch für Schweden, das begründetes Misstrauen gegen den deutschen Feind Rußland hege; und auch Norwegen verbinde „treue Freundschaft zu Deutschland".[219] Bulgarien sei den intensiven russischen Bemühungen nicht mit „Gegenliebe" begegnet und habe dementsprechend „nicht die geringste Lust" empfunden, „Rußland zuliebe Serbien beizuspringen" und als dessen Verbündeter in den Krieg einzutreten.[220] Auch das benachbarte Rumänien stehe Russland ablehnend gegenüber. Und für den Fall, dass die „russischen Anrempelungen fortdauern" würden, könne man davon ausgehen, dass „König Carol kurzerhand zum Schwerte greift und den Russen die Tür zeigt", so der Artikel.[221] Was mit Griechenland in Zukunft geschehe, ob es „den russischen Lockungen" standzuhalten vermöge, bleibe abzuwarten, so Scheer. Von Italien müsse man eigentlich absehen, da es ja „Verbündeter" sei, dennoch hielt es Scheer für wichtig, das Land zu erwähnen, denn es gehörte dem Dreibund mit Österreich und dem Deutschen Reich an, gleichwohl entschied sich die italienische Regierung dafür, Österreich-Ungarn nicht im Feldzug gegen Serbien zu unterstützen. Stattdessen wollte das Land neutral bleiben.[222] Über die Türken schrieb Scheer, sie würden zu den „aufrichtigen Freunden" des Reiches zählen und könnten durchaus noch eine Rolle im Krieg spielen.[223]

Wiederholt wurden die feindlichen Truppen in der Windecker Zeitung als feige dargestellt.[224] Das zeigt ein Bericht kurz nach Beginn des Krieges, in dem Scheer die Ankunft verwundeter französischer Soldaten ankündigte. Bei diesen Soldaten handele es sich um Kolonialtruppen, die Scheer als „Elitetruppen" bezeichnet.[225] Diese seien dem deutschen Heer in Belgien begegnet und hätten die Flucht angetreten, wobei sie „sofort alles Gepäck u. a. m. weggeworfen" hätten.[226] Die französischen Kolonialtruppen wurden sehr negativ dargestellt, die farbigen Soldaten wurden als mordlustige „afrikanische Barbaren" bezeichnet, und immer wieder wurden Aussagen abgedruckt, die belegen sollten, wie grausam diese Soldaten angeblich waren. Aus einem Fundstück, dem Tagebuch eines französischen Offiziers, übernahm Scheer die folgende Passage:

„Wir kommen durch Fontaines bei Belfort. Man sieht die ersten Helme, die den Deutschen abgenommen sind (…) Die Einwohner sind buchstäblich ausge-

---

[218] Ebd.
[219] Ebd.
[220] Ebd.
[221] Ebd.
[222] Ebd.
[223] Ebd.
[224] Beispielsweise: „Ueberhaupt sind die Russen ein feiges Volk", WZ Nr. 21, 13. März 1915, S. 1.
[225] WZ Nr. 69, 29. August 1914, S. 4.
[226] Ebd.

plündert durch französische Regimenter, welche hier einquartiert waren (das 60. Regiment). Der Oberst ist vor das Kriegsgericht geladen worden.

Den 31.8. Wir reihen in unsere Kompanie einige Schwarze und einige Jäger ein. Es kommen auch einige Marokkaner vorbei. Einer hat wie es scheint 16 Ohren in seinem Brotbeutel. Ein anderer ist an der Hand verwundet; als ihn jemand fragt, wer ihm diese Verwundung beigebracht hat, antwortet er: ‚Dieser da!' und zieht aus seinem Brotbeutel einen abgeschnittenen Kopf!"[227]

Im Januar 1915 berichtete die Windecker Zeitung, auch die Engländer würden auf farbige Soldaten zurückgreifen, wodurch sie ihre „wahre Natur" als „moderne Sklavenhändler" offenbarten. In den „vorübergehend" besetzten deutschen Kolonialgebieten hätten sie die Frauen angesehener Männer durch „Neger" abtransportieren lassen und sie so deren „brutaler Sinneslust" ausgesetzt. Nun würden einige dieser Frauen zu den „niedrigsten Arbeiten" gezwungen, was durch den Umstand, dass „halbwilde Schwarze" als Wächter dieser „gebildeten Europäerinnen" fungieren würden, „im höchsten Grade entwürdigend" sei.[228]

Im Zentrum der deutschen Propaganda standen zumeist die Regierungen und die Truppen der feindlichen Länder, denen alle möglichen niedrigen Beweggründe unterstellt wurden. Gleichzeitig versuchten die deutschen Zeitungen ihren Leserinnen und Lesern den Eindruck zu vermitteln, dass die Zivilbevölkerung die deutschen Soldaten als „Befreier" willkommen heiße. Als Grund dafür wurde angegeben, die russischen Soldaten hätten sich ihren Landsleuten gegenüber schrecklich verhalten. Ein entsprechendes Beispiel veröffentlichte Wilhelm Scheer in der Windecker Zeitung. Wiederum bezog er sich auf einen Brief, den ein junger deutscher Offizier aus Ostpreußen nach Hause geschickt habe. Der Offizier schrieb, er sei mit seiner Mannschaft in einem Dorf angelangt, das zuvor unter den Russen gelitten habe, denn ein „höherer Offizier, etwa Major" habe die Bewohner gezwungen, „sich mit in die Schützenlinie zu begeben, um diese unseren Truppen stärker erscheinen zu lassen". Außerdem habe der Major die Frauen des Dorfes als „Deckung vor die Maschinengewehre" positioniert. Für den Briefschreiber war dies ein „genügsam bezeichnender Beitrag für die Art, in der unsere würdigen Gegner das Kriegshandwerk betreiben!" Der russische Major sei bei Ankunft der deutschen Soldaten erschossen worden.[229]

Die propagandistische Intention des Briefes ist offenkundig: Zum einen wird dem russischen Militär vorgeworfen, Zivilisten in den Kampf hineinzuziehen. Ferner legt der Brief eine militärische Unterlegenheit der Russen nahe, da sie es ja angeblich nötig hatten, ihre Armee durch die Einbeziehung von Zivilisten größer erscheinen zu lassen, als sie es war. Dass sich der deutsche Briefschreiber über diese Praktiken erzürnt, zeigt die Rechtschaffenheit der Deutschen. Schließlich

---

[227] WZ Nr. 85, 24. Oktober 1914, S. 3. Zu den marokkanischen Soldaten und dem Zerrbild, das in der deutschen Propaganda von ihnen gezeichnet wurde, siehe Koller, Von Wilden aller Rassen niedergemetzelt, S. 92f.
[228] WZ Nr. 8, 27. Januar 1915, S. 3.
[229] WZ Nr. 84, 21. Oktober 1914, S. 3.

2 Windecken als Heimatfront

nimmt aber die Geschichte ein gutes Ende, indem der russische Bösewicht seine gerechte Strafe erhält.

Auch der Anzeigenbereich der Windecker Zeitung enthielt teilweise Propaganda, indem die Feinde als unmenschliche Gewalttäter dargestellt wurden. In einer Anzeige berichtete der Superintendent der ostpreußischen Diözese Angerburg, Hermann Braun[230], von „Russeneinfällen" in einer „Krüppelanstalt". Dabei seien „grundlos" drei „alte Krüppel" erschossen worden. Die Bewohner hätten nach dem ersten Einfall „18 Tage voll Schrecken in Gewalt der Russen" durchlebt. Die Einrichtungen seien „völlig ausgeplündert", die Scheunen „mit voller Ernte niedergebrannt" worden. In der Anzeige wurde schließlich um Spenden („Weihnachtsgaben") gebeten, um die „Kriegsnot" zu lindern.[231]

Doch nicht nur Geschehnisse aus dem Frontalltag spielten bei der Propaganda eine Rolle. Ein Aspekt, der die Menschen besonders bewegte, war der Umgang mit Kriegsgefangenen. Entsprechend skandalös wirkte ein Artikel Scheers vom September 1914, den er mit der anklagenden Frage „Jetzt erst?" betitelte. Der Artikel befasste sich mit einem Schreiben des französischen Kriegsministers, der erklärt hatte, es sei „eine gebieterische Pflicht, die durch die internationale Gesetzgebung, die Bestimmungen der Genfer Konvention und insbesondere durch das Gefühl der Menschenfreundlichkeit festgelegt sei", dass deutschen Verwundeten, die in Kriegsgefangenschaft geraten waren, „sorgfältige Pflege angedeihen" sollte. Es sei doch „seltsam", so kommentierte Scheer, dass der Kriegsminister „eine solche Verfügung für nötig" halte, denn das lasse den Schluss zu, dass „also doch zahlreiche Fälle vorgekommen" seien, „die ein Einschreiten nötig gemacht" hätten.[232]

Im Oktober 1914 schrieb Scheer, „die sorgsame Pflege", die Verwundete in deutschen Lazaretten erführen, unabhängig davon, ob es sich um Deutsche oder ausländische Kriegsgefangene handele, sei „auch von feindlicher Seite" bereits „wiederholt anerkannt worden". Diese humane deutsche Praxis stehe jedoch im extremen Gegensatz zu den „Abscheulichkeiten, zu denen man sich im Feindesland mit Verwundeten hinreißen ließ".[233] In einem Artikel unter der Überschrift „Herzbewegend" hieß es, ein freigelassener deutscher Sanitätsunteroffizier habe nach seiner Rückkehr berichtet, die Gefangenen würden „in schmachvoller Weise

---

[230] Hermann Adalbert Braun, geboren 1845, war evangelischer Pastor. Im Jahr 1881 wurde er zum Superintendenten in Angerburg (Ostpreußen) ernannt. Braun war auch verantwortlich für die Stiftung „Bethesda", die sich um die Versorgung chronisch kranker Kinder kümmerte. So erreichte Braun bald auch überregional einen Ruf als „Krüppelvater" und wurde als solcher verehrt. Die Anzeige ist lediglich mit der Ortsangabe „Angerburg Ostpr., Krüppelanstalten" und dem Namen „Braun" sowie der Funktion „Superintendent" versehen, die weiteren Angaben zur Person Brauns stammen aus: Liulevicius, Der Osten als apokalyptischer Raum, S. 50.
[231] WZ Nr. 99, 16. Dezember 1914, S. 4.
[232] WZ Nr. 77, 26. September 1914, S. 2.
[233] WZ Nr. 84, 21. Oktober 1914, S. 3.

vernachlässigt", ihnen werde „roh begegnet" und „alles versagt, was von uns den fremden Gefangenen als selbstverständlich gewährt wird".[234] Im gleichen Artikel wurden aber auch gegenteilige Beispiele angeführt. So hätten sich zwei Männer nach langer Funkstille, durch die die Familien bereits das Schlimmste vermutet hätten, aus französischer Gefangenschaft gemeldet und geschrieben, sie würden „gut verpflegt". Ebenso habe ein als vermisst geltender Hanauer Schlosser aus einem französischen Krankenhaus geschrieben, in dem er „gut verpflegt" werde.[235]

Im März 1915 meldete Scheer, dass dreißig schwerverwundete deutsche Soldaten im Zuge eines Austauschs von Verwundeten aus Frankreich zurückgekommen und kürzlich in Frankfurt angekommen seien.[236] Sämtliche Rückkehrer seien durch Amputationen, Verwundungen oder den Verlust des Augenlichts dauerhaft ungeeignet für den Kriegsdienst.[237] Der Artikel schilderte ihre Erfahrungen: Die Behandlung sei „nicht gerade schlecht, aber auch nicht gut" gewesen, jedoch seien die Franzosen in den Lazaretten bevorzugt worden und hätten es „eindeutig besser" gehabt. Zudem seien sie über die Situation in ihrer Heimat belogen worden. Es sei ihnen erzählt worden, das Deutsche Reich sei vernichtet, das Land zu zwei Dritteln durch französische und russische Truppen besetzt und Hungersnöte hätten sich ausgebreitet. In der Schweiz hingegen sei die Behandlung „liebevoll" gewesen und man habe den Soldaten „die Wahrheit über den bisherigen Verlauf des Krieges" mitgeteilt.[238]

Für propagandistische Zwecke bezogen sich die Medien und die Politiker gerne auf die Geschichte. Insbesondere der Deutsch-Französische Krieg von 1870/71 wurde genutzt, um die angebliche Überlegenheit des deutschen Volkes zu proklamieren. Unter dem Pseudonym „ein Freund der Windecker Zeitung" verfasste ein anonymer Autor einen Text über „Deutschlands Krieg gegen Frankreich im Rahmen der Geschichte", der in der Windecker Zeitung über mehrere Ausgaben verteilt erschien.[239] Einen ähnlichen Artikel über kriegerische Konflikte zwischen Deutschland und Russland im Lauf der Geschichte druckte Scheer in der Ausgabe vom 5. Dezember 1914.[240]

---

[234] WZ Nr. 87, 31. Oktober 1914, S. 3.
[235] Ebd.
[236] WZ Nr. 21, 13. März 1915, S. 1.
[237] Ebd.
[238] Ebd.
[239] WZ Nr. 79, 3. Oktober 1914, S. 1 bis zur WZ Nr. 82, 14. Oktober 1914, S. 1.
[240] Der Text „Der Deutsch-Russische Konflikt" ist mit einem Kürzel unterschrieben, das sich nicht auflösen lässt; WZ Nr. 96, 5. Dezember 1914, S. 1.

Kapitel 3

Die wirtschaftlichen Folgen des Krieges in Windecken

1. Finanzielle Folgen für Geschäftsinhaber und Privatpersonen
Schon nach wenigen Tagen machten sich im August 1914 die wirtschaftlichen Folgen des Krieges bemerkbar. Unmittelbar betroffen waren die zahlreichen Geschäftsinhaber in Windecken, die zur Armee einberufen wurden. So schaltete in der Ausgabe der Windecker Zeitung vom 5. August Friedel Kurz, ein Händler aus Windecken, eine Anzeige, in der er mitteilte, sein Vater Heinrich Kurz und seine Schwester Marie Stephan würden das Geschäft für ihn weiterführen, während er seiner „Pflicht unter der Fahne genüge".[1] Ähnliche Anzeigen erschienen auch andernorts.[2]

Drei Tage später veröffentlichte der Magistrat der Stadt einen großen Spendenaufruf an die Bürgerschaft Windeckens, den Scheer prominent auf der Titelseite platzierte. Unterschrieben war dieser Aufruf von Bürgermeister Schlegel, dem Beigeordneten Schmidt und dem Schöffen Westphal. Der Krieg, so hieß es, sei dem Deutschen Reich aufgezwungen worden. Der Abschied der bereits abgereisten Soldaten sei schwer gewesen, doch die Tatsache, dass sie ihre „Vaterlandspflicht" erfüllten, indem sie für die „heiligsten Güter" kämpften, habe dies erleichtert. Der Stadt und der Bürgerschaft werde nun die Aufgabe zuteil, sich um die Familien der Soldaten zu kümmern. Um dies zu bewerkstelligen, baten die Verfasser um freiwillige Spenden und bedankten sich für bereits erhaltene Gaben.[3]

Die Stadtverwaltung benutzte die Geldspenden von Windecker Bürgern, die durch Mittel aus der Gemeindekasse aufgestockt wurden, um ein Förderprogramm für bedürftige Familien aufzulegen.[4] Bereits am 1. August 1914 waren von staatlicher Seite Finanzhilfen für die Angehörigen von Soldaten gewährt worden, und zwar 9 bis 12 Mark für eine Ehefrau und 6 Mark für jedes Kind.[5] Die Stadt Windecken erhöhte diese Unterstützung um weitere 20 Mark pro Monat. Zunächst sollten diese Hilfen für eine Dauer von sechs Monaten gewährt werden. Bereits im August hatte die Stadt berechnet, dass in Windecken sechzig empfangsberechtigte Familien lebten. Davon seien nicht alle bedürftig (und daher bezugsberechtigt), für die Betroffenen gelte es jedoch, das Auskommen zu sichern.[6] Von der finanziellen Unterstützung zunächst ausgeschlossen waren diejenigen Familien, bei denen der kriegsdienstleistende Ehemann an der Front sei-

---

[1] Anzeigen, WZ Nr. 62, 5. August 1914, S. 4.
[2] Hanauer Anzeiger Nr. 179, 3. August 1914, S. 8.
[3] WZ Nr. 63, 8. August 1914, S. 1.
[4] Pfarr-Chronik Windecken, S. 15, siehe auch WZ Nr. 68, 26. August 1914, S. 1.
[5] WZ Nr. 61, 1. August 1914, S. 1.
[6] WZ Nr. 68, 26. August 1914, S. 1.

ner „aktiven Dienstpflicht" entsprach. Im Februar 1915 wurde diese Einschränkung jedoch aufgehoben, seither erhielten Ehefrauen und Kinder unter 15 Jahren auch dann Unterstützung, wenn der Ehemann beziehungsweise Vater nicht als Reservist einberufen worden war, sondern noch seinen aktiven Heeresdienst ableistete.[7]

Kurz nach Kriegsbeginn stieg im Deutschen Reich die Arbeitslosigkeit stark an. Die Gründe dafür waren das „Wegbrechen der Exportwirtschaft und die Um- bzw. Neuorientierung zahlreicher Unternehmen auf Kriegsproduktion".[8] Auch die Windecker waren betroffen von dieser Entwicklung. Mitte August 1914 berichtete Scheer von einem „Ueberangebot von Arbeitskräften", infolgedessen „die Unterrichtsverwaltungen ersucht werden, die Schulbefreiung älterer Schüler vorerst nicht weiter zu gestatten". Zudem sei es wichtig, dass „auch die Pfadfinder und ähnliche freiwillige Helfer (...) für die landwirtschaftliche Arbeit vorerst keine Verwendung finden, solange andere und besser geeignete volle Arbeitskräfte verfügbar sind".[9] Statt auf kostenlose Arbeitskräfte zurückzugreifen, die sich freiwillig meldeten, sollte den durch den Krieg arbeitslos gewordenen Menschen die Chance auf einen Verdienst geboten werden. Die Stadt Hanau leitete entsprechende Maßnahmen ein: Es wurden 400 Arbeitslose eingestellt, und zusätzlich verlangten die Hanauer Stadtverordneten, „die Arbeiten zur Fortführung der Mainkanalisation fortsetzen zu lassen" und bei diesem Vorhaben Arbeitslose aus „dem Stadtteile Hanau und dem südlichen Teil des Landkreises Hanau" anzustellen. Eine weitere Forderung der Stadtverordneten betraf „den geplanten Ausbau der Bahnstrecke Wilhelmsbad-Hanau", der doch vorgezogen werden könne, um eine Beschäftigung für Arbeitslose zu schaffen.[10] Auf die wachsende Arbeitslosigkeit wurde so mit der vermehrten Vergabe neuer Aufträge reagiert. So gelang es vielen deutschen Städten, die Arbeitslosigkeit zu reduzieren.[11]

Um das ortsansässige Handwerk zu unterstützen, appellierte Scheer an die Windecker, für später geplante Arbeiten vorzuziehen.[12] Außerdem forderte Scheer seine Mitbürger dazu auf, Rechnungen alsbald zu begleichen.[13] Dieses Vorgehen sollte den Betrieben in der schwierigen Wirtschaftslage helfen. In der Tat hatte sich nach wenigen Monaten in Windecken die Situation verbessert, denn im Januar 1915 konnte Scheer in der Windecker Zeitung vermelden, dass die Arbeitslosigkeit zurückgegangen war.[14] Im weiteren Verlauf des Krieges konnte von einem Überschuss an Arbeitskräften insbesondere im landwirtschaftlichen

---

[7] WZ Nr. 12, 10. Februar 1915, S. 2.
[8] Hirschfeld, Deutschland im Ersten Weltkrieg, S. 123.
[9] WZ Nr. 65, 15. August 1914, S. 2 u. 4.
[10] WZ Nr. 69, 29. August 1914, S. 1.
[11] Regulski, Klippfisch und Steckrüben, S. 43.
[12] WZ Nr. 70, 2. September 1914, S. 2.
[13] Ebd., siehe auch WZ Nr. 79, 3. Oktober 1914, S. 2.
[14] WZ Nr. 7, 23. Januar 1915, S. 3.

Bereich nicht mehr gesprochen werden. Bereits durch die Mobilmachung sei „ein großer Teil der landwirtschaftlichen Bevölkerung zu den Fahnen eingezogen" worden, konstatierte ein Artikel aus dem Amtsblatt der Landwirtschaftskammer, den Scheer unter der Überschrift „Freiwilliger Hilfsdienst auf dem Lande" in seiner Zeitung nachdruckte. Seitdem seien darüber hinaus „tausende von Ersatzreservisten und Landsturmleuten" einberufen worden. Nun fragte sich der Verfasser des Artikels, wer im Frühjahr die Felder bestellen sollte, wo das doch hauptsächlich nach Männern verlange. Es herrsche ein Mangel an landwirtschaftlichen Arbeitskräften, der selbst durch Zahlung hoher Löhne nicht behoben werden könne. Der Artikel verwies auf die „höchsten Opfer, welche die im Felde stehenden jederzeit zu bringen bereit sind", und appellierte damit an das Pflichtbewusstsein aller Daheimgebliebenen, die sich dazu bereit erklären sollten, den Frauen bei der Frühjahrsarbeit zu helfen. Das Vaterland werde es danken.[15]

Auch in der Industrie wurden bald die Arbeitskräfte knapp, was viele Betriebe dazu veranlasste, mit Zeitungsinseraten um Arbeiter zu werben. Dabei wurde ausdrücklich auf die guten Verdienstmöglichkeiten hingewiesen. So inserierte im Mai 1915 die „Chemische Fabrik Griesheim-Elektron" wiederholt in der Windecker Zeitung. Gesucht werde ein „ordentlicher Arbeiter" im Alter von maximal 45 Jahren. Diesem wurde ein Wochenlohn in Höhe von 26 bis 30 Mark versprochen.[16] Die Griesheimer Fabrik entwickelte sich im Krieg zu einem der größten Lieferanten für Sprengstoff im Deutschen Reich.

Durch den Kriegszustand kam es zu einer gravierenden Veränderung im Einzelhandel: Bald akzeptierten viele Händler nur noch Barzahlung. In einer Anzeige der Windecker Apotheke wird diese Maßnahme damit begründet, dass die Bestellung der Waren ebenfalls nur noch gegen Bargeld oder vorherige Bezahlung möglich sei.[17] Für Scheer war dies „in einer so schweren Zeit" nicht zu billigen, da es „Beunruhigung in das gesamte wirtschaftliche Leben" trage. Eine Folge davon sei, so glaubte Scheer, dass „weniger kapitalkräftige Gewerbetreibende in Bedrängnis geraten" würden. Scheers Kritik galt aber keineswegs den Kaufleuten, sondern insbesondere den Lieferanten, die den „Schwächeren" mit „unnötiger Härte" begegnen würden. Den Kunden legte er nahe, ausstehende Rechnungen zu begleichen, da nur so das Wirtschaftsleben und die Versorgungslage aufrechterhalten werden könnten.[18]

Ende Juli 1914 brach in zahlreichen Städten ein regelrechter Ansturm auf die Banken und Sparkassen aus. Viele Menschen fürchteten um ihre Ersparnisse, die sie durch Abhebung vor einem „möglichen Verlust" bewahren wollten.[19] Es wurde sogar überlegt, die Geldinstitute vorübergehend zu schließen, „um die Gemü-

---

[15] WZ Nr. 19, 6. März 1915, S. 1.
[16] Zwischen WZ Nr. 38, 12. Mai 1915 und WZ Nr. 43, 29. Mai 1915, jeweils S. 4.
[17] WZ Nr. 70, 2. September 1914, S. 2.
[18] Ebd.
[19] Kellerhoff, Heimatfront, S. 37.

ter sich etwas beruhigen zu lassen".[20] Auch die Angst vor einer Invasion trug dazu bei, dass einige Menschen Bargeld bei sich zuhause horteten.[21] Vielen Sparern war jedoch nicht bewusst, dass Banken über Regeln für Geldabhebungen verfügten, die ihnen Grenzen setzten. So war es wenigstens in Berlin häufig nicht möglich, mehr als 150 Mark täglich abzuheben. Für Banken waren diese Obergrenzen sehr hilfreich, da sie so trotz des großen Andrangs nur einen kleinen Teil der Einlagen ausgeben mussten. Das Interesse der Bürger daran, die eigenen Ersparnisse zu „retten", brach aber auch nach einigen Tagen nicht ab, sodass einige Kommunen zusätzlich zu den Begrenzungen der täglichen Geldauszahlung noch monatliche Höchstbeträge einführten.[22]

Die Medien machten es sich zur Aufgabe, die Sparer zu beruhigen, dass ihre Einlagen nicht zur Deckung von Kriegskosten verwendet würden.[23] Scheer veröffentlichte schon am 1. August 1914 eine Meldung aus Berlin, die besagte, der Andrang auf die Sparkassen habe bereits „erheblich" abgenommen, in einigen Filialen sei sogar mehr eingezahlt als abgehoben worden. Die Nachricht nennt auch die Personen, die ihr Geld abholten, dabei handele es sich „nachweislich" um Arbeiterfrauen[24], eine Behauptung, die offenkundig dazu diente, den mangelnden Patriotismus der Arbeiterschicht zu kritisieren. Anstatt ihre Ersparnisse von den Konten abzuheben und Bargeld zu horten, forderte Scheer die Bürgerinnen und Bürger dazu auf, ihr Geld zu investieren, entweder in die eigene Daseinsvorsorge oder direkt in die Kriegsfinanzierung. Zur privaten Absicherung wurde ab September 1914 in der Windecker Zeitung die ziemlich skurrile Möglichkeit beworben, Angehörige, die als Soldaten im Krieg waren, über die „hessische Kriegsversicherung" zu versichern. Scheer klärte seine Leserinnen und Leser detailliert über die Modalitäten auf: Es könnten „für einen Kriegsteilnehmer bis zu 20 Anteilsscheine gelöst werden", so der Artikel. Basierend auf Erfahrungen der Vergangenheit wurden sogar Schätzungen angestellt, welche Auszahlungen bei der Versicherung zu erwarten seien:

> „Falls die Verluste nicht größer sein werden wie im Kriege 1870/71, werden auf jeden Anteilsschein mindestens 250 Mark verteilt werden können. Sind die Verluste geringer, dann erhöht sich dieser Betrag, sind sie größer, dann erniedrigt sich der Betrag."

Bei seiner Empfehlung ging Scheer sogar so weit, den Frauen nahezulegen, die nötigen Beträge ihren Sparguthaben zu entnehmen oder sich „an die Sparkassen oder an Eure Genossenschaft zu wenden, welche Euch den Betrag unter günstigen Bedingungen leihen werden, bis wieder bessere Zeiten kommen."[25]

---

[20] Pflugk-Harttung, Weltgeschichte, S. 21.
[21] Ziemann, Front und Heimat, S. 45.
[22] Kellerhoff, Heimatfront, S. 37.
[23] Ebd., S. 38.
[24] WZ Nr. 61, 1. August 1914, S. 3.
[25] WZ Nr. 70, 2. September 1914, S. 2.

3 Die wirtschaftlichen Folgen des Krieges in Windecken

Ebenso warb Scheer für Kriegsanleihen – die erste Anleihe, die im September 1914 herausgegeben wurde, hatte die Reichsbank bereits in rund 2800 Zeitungen angepriesen. Mit jeder folgenden Anleihe wurden auch die Propagandabemühungen gesteigert, bis hin zu einer „flächendeckenden Anzeigenkampagne", die in circa 5000 Blättern geschaltet wurde.[26] Wer im Glauben an einen Sieg des Deutschen Reiches oder aus einem vaterländischen Pflichtgefühl heraus seine Ersparnisse in die Anleihen gesteckt hatte, musste nach 1918 feststellen, dass diese Investitionen verloren waren. Sogar in eigens angefertigten Filmen wurde für die Anleihen geworben. Die in Sketchform aufgebauten Werbefilme sollten auf humorvolle Weise zeigen, dass die Kriegsanleihen die beste Art waren, Ersparnisse zu verwenden. Dagegen wurde das Horten von Bargeld in den Filmen als falsch dargestellt: „Schnirpel", der Protagonist, der vor seiner Einberufung sein Bargeld in einer Couch versteckt, muss fürchten, dass es von einfallenden Russen gestohlen werden könnte; glücklicherweise hat die Tochter das Geld bereits gefunden und dankenswerterweise in Kriegsanleihen investiert.[27]

Bis zum 19. März 1915 konnten die Windecker die zweite Kriegsanleihe zeichnen. Diese wurde nicht nur vergünstigt angeboten, sondern versprach auch eine Rendite von fünf Prozent.[28] So könnten die Deutschen nicht nur Profit machen, gleichzeitig stellten sie die „Mittel" zur Verfügung, „deren das Vaterland zur Kriegsführung notwendig bedarf!"[29] Für den „kleinen Sparer" gebe es genauso wie für Großanleger „keine Anlage, die so günstig ist, wie die neue 5prozentige Deutsche Reichsanleihe". Schließlich könne das Reich den Zinssatz nicht heruntersetzen. Auch bedeute die Laufzeit bis 1924 keineswegs, dass ein früherer Ausstieg nicht möglich sei, man könne seine Anteile einerseits jederzeit verkaufen, andererseits könnten Sparer auf „diese Anleihescheine einen Vorschuß aufnehmen", und zwar zu einem Zinssatz, der nur geringfügig den der Anleihe übertreffe.[30] Damit wurde die Kriegsanleihe als überaus sicher dargestellt.

Edelmetall wurde während des Krieges zu einem begehrten Gut. In der Windecker Zeitung wurden früh erste Aufforderungen mitgeteilt, privaten Goldbesitz dem Staat zur Verfügung zu stellen. Im November veröffentlichte Scheer eine Meldung, in der es hieß, die Bemühungen der Regierung, „den Goldbestand der Reichsbank zu erhöhen", seien bisher von „gutem Erfolg" gekrönt. Dennoch sei „die Annahme gerechtfertigt", dass sich noch immer größere Mengen des Edelmetalls in Privatbesitz befänden. Scheer wies mit Nachdruck darauf hin, dass es „geradezu eine patriotische Pflicht" aller sei, „seine Goldstücke während des Krieges nicht ängstlich zurückzuhalten", sondern diese schnellstmöglich bei öffentlichen Kassen und Reichsbankstellen abzugeben. Im Gegenzug würden die Geber Banknoten oder Darlehenskassenscheine erhalten, die dem Wert des abge-

---

[26] Flemming, Heimatfront, S. 115.
[27] Rother, Die letzten Tage der Menschheit, S. 198.
[28] WZ Nr. 17, 27. Februar 1915, S. 1 u. 4.
[29] WZ Nr. 18, 3. März 1915, S. 1.
[30] WZ Nr. 19, 6. März 1915, S. 1.

gebenen Goldes entsprächen.[31] Ab Mitte Dezember 1914 enthielt die Windecker Zeitung in einem Kasten darüber hinaus regelmäßig den Hinweis: „Bringt euer Gold zur Reichsbank".[32] In Windecken wurden in der Tat größere Mengen Edelmetalle abgegeben, wie die Windecker Zeitung zeigt. Im Februar 1915 schrieb Scheer, einem Mitbürger sei es gelungen, in kurzer Zeit Gold im Wert von 6250 Mark zu sammeln.[33]

2. Die Versorgungslage in Windecken

Am Anfang des Krieges versuchten die Zeitungen die Bevölkerung im Hinblick auf die Versorgungslage zu beruhigen. Dennoch kam es insbesondere in Städten zu Hamsterkäufen[34], weil die Bürger Lebensmittelengpässe befürchteten. Andererseits wurde in den ersten Kriegsmonaten nicht sehr sparsam mit Lebensmitteln umgegangen, weil die Überzeugung weit verbreitet war, dass das Deutsche Reich den Krieg rasch für sich entscheiden werde. Diese „Wunschvorstellung" eines kurzen siegreichen Krieges[35] war auch die Ursache dafür, dass das Deutsche Reich ohne nennenswerte Vorräte in den Krieg gezogen war.[36] Der Lebensmittelversorgung wurde in der „Siegeszuversicht der ersten Wochen"[37] kaum Aufmerksamkeit gewidmet, und so verging wertvolle Zeit, bevor man die nötigen Maßnahmen einleitete, um die Versorgung sicherzustellen.[38]

Scheer teilte die anfängliche Zuversicht im Hinblick auf den Kriegsverlauf. Mitte August 1914 versicherte er in der Windecker Zeitung, „wir brauchen uns im Krieg hinsichtlich der Versorgung mit Nahrungsmitteln nicht zu fürchten". Insbesondere die Versorgung mit Getreide, „dem wichtigsten Lebensmittel", stelle kein Problem dar, denn davon „brauchen wir nur ca. 1 Million Tonnen mehr, als wir erzeugen". Sorgen um Lücken, die möglicherweise durch den Ausfall von ausländischen Importen entstehen könnten, wollte Scheer gar nicht erst aufkommen lassen, indem er versicherte, es böten sich „auch noch weitere Quellen". So könne „der Mehrbedarf" bereits durch „etwas stärkere Konsumtion der Kartoffel" vollkommen gedeckt werden. Zudem forderte Scheer alle Landwirte dazu auf, für eine Nacherte zu sorgen, also nach der Ernte „die Felder mit Nachfrüchten so schnell wie möglich zu bebauen, die noch vor Anfang des Winters zur Reife kommen", als Beispiele nannte er Spinat, Stoppelrüben oder Salat. Durch diese Vorgehensweise könne dazu beigetragen werden, „uns in unserer Lebensmittelversorgung gänzlich unabhängig zu machen".[39]

---

[31] WZ Nr. 93, 25. November 1914, S. 2.
[32] WZ Nr. 99, 16. Dezember 1914, S. 1; WZ Nr. 2, 6. Januar 1915, S. 4.
[33] WZ Nr. 11, 6. Februar 1915, S. 1.
[34] In Berlin belegt durch: Pflugk-Harttung, Weltgeschichte, S. 21.
[35] Davis, Heimatfront, S. 129f.
[36] Flemming, Heimatfront, S. 160; Stüber/Kuhn, Alltagsleben, S. 134.
[37] Flemming, Heimatfront, S. 160.
[38] Alt, Kriegsalltag, S. 27; Roerkohl, Hungerblockade und Heimatfront, S. 179.
[39] WZ Nr. 65, 15. August 1914, S. 4.

Vor dem Ausbruch des Krieges hatte die deutsche Agrarwirtschaft Deutschland für nahezu unabhängig von ausländischen Importen erklärt. Tatsächlich wurde aber 1914 rund ein Drittel des deutschen Bedarfs an Lebensmitteln über Importe abgedeckt.[40] Diese Einfuhren fielen bei Kriegsbeginn teilweise sofort weg, teilweise gingen sie im weiteren Verlauf stark zurück. Neben Lebensmitteln importierte das Deutsche Reich große Mengen an Rohstoffen, darunter auch Dünger, der für die Landwirtschaft von enormer Bedeutung war, gerade auch deshalb, weil die Felder durch die Kriegswirtschaft besonders beansprucht wurden.[41] Um die Lebensmittelproduktion auf hohem Niveau zu halten, mahnte das preußische Landwirtschaftsministerium dazu, „mit der Verwendung von Kunstdünger auf keinen Fall zu sparen".[42] In der Folgezeit wurde die Düngemittelproblematik in der Windecker Zeitung wiederholt thematisiert. Im April 1915 gab Scheer Ratschläge für die erfolgreiche Bestellung der Felder. Dabei ging es darum, in welchem Abstand voneinander die Pflanzen gesetzt werden sollten und wie bedeutend der Einsatz von Dünger für die erfolgreiche Ernte sei. Leider sei es in der aktuellen Situation nicht leicht, künstliche Düngemittel zu beziehen, da diese „knapp", „vom Auslande nicht zu beziehen" oder „nur in beschränktem Maße käuflich" seien. Umso größer sei in dieser Situation die Bedeutung von Stickstoff für die Landwirtschaft.[43]

Gravierende Bedenken schien Scheer im Hinblick auf die Lebensmittelversorgung aber nicht zu haben. Diesen Optimismus untermauerte er durch einen Vergleich mit England. Dieses stehe schlechter da als das Deutsche Reich, denn es müsse mehr Lebensmittel aus Dänemark importieren als Deutschland. Zudem sei England als Insel zusätzlich im Nachteil, denn der Landweg sei viel sicherer als der Seeweg, auf dem die Transporte „den Gefahren des Seekrieges in der Nordsee ausgesetzt" würden.[44] Im Gegensatz zu der propagandistisch motivierten schönfärberischen Darstellung Scheers erwies sich die Lebensmittelversorgung relativ schnell als eine der größten Schwächen des Deutschen Reiches, wie Gerhard Hirschfeld aufzeigt: „Während sich die Versorgungs- und Ernährungslage in Frankreich und Großbritannien trotz der Lebensmittelrationierungen einigermaßen erträglich gestaltete, musste die Bevölkerung in Deutschland ihren Konsum im Verlauf des Krieges erheblich einschränken."[45]

Die Bemühungen Scheers, bei seinen Lesern keine Bedenken und Sorgen aufkommen zu lassen, entsprechen einem Muster, das sich bereits zu Kriegsbeginn zeigte. Legt man die Warnungen zugrunde, die in der Windecker Zeitung schon Anfang August abgedruckt wurden, so war sich Wilhelm Scheer offenkundig bewusst, wie wichtig eine ausreichende Versorgung mit Lebensmitteln an der

---

40 Flemming, Heimatfront, S. 125 u. 140.
41 Davis, Heimatfront, S. 129.
42 „Aus Stadt und Land", WZ Nr. 71, 5. September 1914, S. 1.
43 WZ Nr. 27, 3. April 1915, S. 2.
44 WZ Nr. 66, 19. August 1914, S. 2.
45 Hirschfeld, Deutschland im Ersten Weltkrieg, S. 120.

Heimatfront war. Scheer empfahl deshalb in seiner Zeitung den Leserinnen und Lesern wiederholt, sparsam hauszuhalten, stellte dies aber als reine Vorsichtsmaßnahme dar. So appellierte er am 19. August 1914 an „alle Hausfrauen", sie sollten „sparsam im Verbrauch" sein, denn „noch wissen wir nicht, wie lange der Krieg währen mag". Dabei belehrte er seine Mitbürger, dass „die Abgabe von Obst usw. an die Kinder zu Näscherzwecken (…) erst in zweiter Linie" in Frage komme und „ohne Schaden für die Jugend bis auf's nächste Jahr verschoben werden" könne.[46] Bemerkenswert ist hier der Kontrast zwischen der Annahme, dass das Kriegsende nicht vorhersehbar sei und der Erwartung, dass das Naschen im kommenden Jahr wieder aufgenommen werden könne. Daran zeigt sich, dass auch Scheer davon ausging, der Kriegszustand werde nicht allzu lange anhalten, und dass er annahm, Deutschland werde den Krieg gewinnen.

Trotzdem wurde vielfach zum Sparen animiert. Neben Lebensmitteln wurden einige Rohstoffe genannt, darunter Holz[47] oder Petroleum[48]. Ein weiterer Appell betraf die Dienstmädchen, denen es an Wissen über den derzeitigen Zustand mangele, weshalb sie, wie sie es aus Friedenszeiten gewohnt seien, nicht unbedingt sparsam mit Lebensmitteln umgehen würden. Deshalb müssten die Herrschaften ihre Dienstmädchen oder Köchinnen lehren, nichts wegzuwerfen und sparsamer zu wirtschaften.[49] In den Rubriken „Haus und Hof" und „Vermischtes" gab Scheer seinen Abonnenten regelmäßig Ratschläge, wie sie noch sparsamer mit Lebensmitteln, Naturalien und weiteren von Knappheit bedrohten Materialien umgehen könnten. So riet er den Landwirten im September 1914, „die Viehweide" müsse „in diesem Jahre so lange wie möglich ausgedehnt werden, denn es gilt Futter zu sparen, damit wir für den Winter und das kommende Frühjahr gut versorgt sind." Denn „nur mit einem großen Futterreichtum können wir den Weltkrieg gut überstehen".[50] Interessant ist dabei die Wortwahl Scheers, der keineswegs von drohenden Engpässen sprach, sondern im Gegenteil positive Begriffe wie „Reichtum" benutzte, diesen jedoch nur im Fall der Sparsamkeit in Aussicht stellte.

Sehr bald wurden bei der Ernährung Verhaltensänderungen propagiert. Wiederholt wies Scheer auf den Nutzen der „Kleintierzucht, namentlich der Kaninchen- und Hühnerzucht" hin, durch die sich „das Lebenslos für die nächsten Monate wesentlich erleichtern" lasse.[51] Wer Vieh besitze, solle mit dem Futter gut haushalten und statt der üblichen Nahrungsmittel Ersatzstoffe an die Tiere verfüttern.

---

[46] WZ Nr. 66, 19. August 1914, S. 1.
[47] WZ Nr. 33, 24. April 1915, S. 3.
[48] Die Anleitung „Wie streckt man Petroleum?" enthielt ein „Rezept" zur Verdünnung des Öls, WZ Nr. 11, 6. Februar 1915, S. 4.
[49] WZ Nr. 10, 3. Februar 1915, S. 3.
[50] WZ Nr. 71, 5. September 1914, S. 3.
[51] „Aufforderung zur Kleintierzucht", WZ Nr. 66, 19. August 1914, S. 3. Diese Formulierung weist abermals darauf hin, dass Scheer davon ausging, der Krieg werde nicht allzu lange dauern.

Als geeignete „Hilfsfuttermittel" benannte Scheer Rosskastanien, diese würden sich durch einen hohen Eiweißgehalt auszeichnen, seien aber lediglich gekocht genießbar. Daneben kämen auch Eicheln als Schweinefutter in Frage. Zudem könnten „Laubreiser von Pappeln, Linden, Erlen, Buchen, Eschen, Birken, Eichen, usw." verwendet werden. Auch Quecken (ein Wurzelunkraut) könnten gewaschen und getrocknet verfüttert werden. Und selbst „Obst- und Weintreber", Überreste der Obst- und Weinpressen, könnten „in Fässern und Bottichen eingesalzen" und anschließend dem Vieh gegeben werden. Bei Hühnern sei es wichtig, gelegentlich „Fleischnahrung" zu verfüttern. Entsprechend empfehle es sich, „Wurmgruben" anzulegen, in denen nach Ablauf eines Monats eine Vielzahl Regenwürmer vorgefunden werden könnte, die für die Hühner sogar eine „Lieblingsspeise" seien.[52] Eine weitere Nahrungsalternative für das Geflügel bestehe in Malzkeimen, die reich an Nährstoffen seien.[53] Bei vielen der Ratschläge ging es darum, Dinge zu verwerten, die in Friedenszeiten weggeworfen wurden, um so an den eigentlichen Futtermitteln zu sparen. So schlug die Windecker Zeitung die Verfütterung von Kartoffelschalen, vermischt mit „Abfall vom Klee- und Heuboden", zerkleinertem Heu sowie Abfällen aus der Küche wie „Knochenschrot" vor, die „zusammengekocht" wurden.[54] Diese Maßnahme sollte eigentlich dazu beitragen, dass mehr pflanzliche Lebensmittel für die Ernährung der Bevölkerung zur Verfügung standen. Übersehen wurde dabei anscheinend, dass die Verschlechterung des Futters zur Unterversorgung des Viehs führte und die Verbreitung von Krankheiten, insbesondere der Maul- und Klauenseuche begünstigte.[55]

Im Oktober 1914 riet Wilhelm Scheer seinen Lesern, insbesondere mit importierten Waren sparsam umzugehen, das sei „im Staatsinteresse", zudem aber auch „dem Geldbeutel zuträglich".[56] Dass der Import ausländischer Waren durch den Krieg erschwert wurde, spiegelte sich in den steigenden Preisen dieser Produkte wider. Betroffen war davon auch Petroleum, bei dem die Einfuhren schon im Oktober 1914 nicht mehr ausreichten, um den Bedarf abzudecken. Scheer folgerte, „wenn jeder Haushalt wöchentlich nur einen einzigen halben Liter Petroleum weniger verbraucht, so wird dadurch die in Deutschland vorhandene Menge dieses Leuchtstoffes schon bedeutend länger reichen". Und wer schränke sich nicht gerne ein, wenn es gelte, den „verräterischen ‚Vettern' jenseits des Kanals", dem „schuftigen England", „einen Strich durch die Rechnung zu machen". Diesem Feind unterstellte Scheer die Absicht, Deutschland „durch Abschneidung der ausländischen Zufuhr müde zu machen".[57] Auch Monate später blieb Scheer dabei, der Plan Englands sei die „Ernährungseinkreisung",

---

52 WZ Nr. 76, 23. September 1914, S. 3.
53 WZ Nr. 46, 9. Juni 1915, S. 3.
54 WZ Nr. 47, 12. Juni 1915, S. 3.
55 Regulski, Klippfisch und Steckrüben, S. 58.
56 WZ Nr. 85, 24.Oktober 1914, S. 1.
57 Ebd.

doch der Plan einer „Aushungerung" müsse „Schiffbruch" erleiden – denn in Deutschland bestehe kein Mangel an tierischen oder pflanzlichen Nahrungsstoffen.[58] Wenn es „in diesem Krieg eine geglückte Aushungerung gibt", so schrieb Scheer im Januar 1915, dann finde diese in Frankreich durch die Besetzung der Kohlegebiete statt[59] – womit er der deutschen Armee genau jene inhumane Maßnahme positiv anrechnete, die er den „Feinden" zum Vorwurf machte.

Bereits am 4. August 1914 war ein Gesetz zur „Ermächtigung des Bundesrates zu wirtschaftlichen Maßnahmen" erlassen worden, das es dem Bundesrat erlaubte, „während der Zeit des Krieges diejenigen gesetzlichen Maßnahmen anzuordnen, welche sich zur Abhilfe wirtschaftlicher Schäden als nötig erweisen".[60] Basierend auf diesem Gesetz wurden am 11. September Bestimmungen über Schlachtungen ergänzt, so durften Kälber erst dann geschlachtet werden, wenn sie „75 Kilogramm Lebendgewicht" erreicht hatten, Kühe erst mit einem Alter von 7 Jahren.[61] Insgesamt sank der Rindviehbestand reichsweit während des ersten Kriegsjahres um elf Prozent.[62] Bereits Ende der zweiten Kriegswoche wurde eine „Kriegsrohstoffabteilung" ins Leben gerufen, deren Aufgabe es war, über die im Land vorhanden Rohstoffe sowie Importe aus neutralen, aber auch aus besetzten Ländern zu verfügen. Im November 1914 wurde darüber hinaus eine sogenannte „Kriegsgetreidegesellschaft" gegründet, die befugt war, zu festgelegten Preisen Getreide und Mehl zu erwerben. Im Folgejahr wurden diese Waren durch die Regierung zugeteilt. Damit begann die Rationierung von Lebensmitteln.

Das große Engagement der Windecker bei den vielfältigen Spendenaktionen im ersten Kriegsjahr stand in engem Zusammenhang mit der Versorgungslage. Diese war zu Beginn des Krieges offenbar ausreichend, sodass die Windecker Bürger nicht nur ihren Eigenbedarf an Lebensmitteln decken, sondern darüber hinaus noch Lebensmittel spenden konnten. Die Lebensmittelknappheit machte sich jedoch schnell bemerkbar, bereits im Herbst des ersten Kriegsjahres sanken die Vorräte an Kartoffeln und Brot.[63] In einem Leserbrief, der ohne Namen in der Windecker Zeitung vom 14. Oktober 1914 erschien, forderte ein Windecker die Stadt auf, den Bürgern das „Eichelsammeln" zu gestatten, „wie es ja von unseren Nachbargemeinden schon lange erlaubt ist". Seine Forderung untermauerte

---

[58] WZ Nr. 7, 20. Januar 1915, S. 3.
[59] Ebd.
[60] Gesetz zur Ermächtigung des Bundesrates zu wirtschaftlichen Maßnahmen und über die Verlängerung der Fristen des Wechsel- und Scheckrechts im Falle kriegerischer Ereignisse vom 4. August 1914, in: Deutsches Reichsgesetzblatt (RGBL) Nr. 52, 4. August 1914, S. 327f.
[61] Bekanntmachung, betreffend Verbot des vorzeitigen Schlachtens von Vieh vom 11. September 1914, in: Deutsches Reichsgesetzblatt (RGBL) Nr. 75, 12. September 1914, S. 405; siehe auch: „Aus Stadt und Land", WZ Nr. 80, 7. Oktober 1914, S. 4; WZ Nr. 80, 7. Oktober 1914, S. 4; WZ Nr. 85, 24. Oktober 1914, S. 1.
[62] Strahl, Das Großherzogtum Mecklenburg-Schwerin im Ersten Weltkrieg, S. 101.
[63] Davis, Heimatfront, S. 130.

der Verfasser mit dem Hinweis auf die zu diesem Zeitpunkt „ganz geringe Einfuhr" ausländischen Getreides und der Bemerkung, die diesjährige „Frucht- und Kartoffelernte" sei „kaum mittelmäßig ausgefallen".[64] Dieser Brief steht im Widerspruch zu den von Scheer verbreiteten Informationen, die zuvor stets versicherten, die Ernte sei gut ausgefallen und es gebe keine Versorgungsprobleme.[65] Auch kurz nach der Veröffentlichung des Leserbriefes berichtete Scheer, es sei „nach keiner Richtung hin" eine Stockung aufgetreten. Und obwohl „der Geschäftsgang in Handel und Industrie gegenwärtig auch sehr viel zu wünschen übrig läßt", könne nicht die Rede davon sein, dass man sich „in ausgesprochen notleidenden Zeiten" befände.[66] Das Gegenteil signalisierte im Februar 1915 die Aufforderung an die Windecker Bürger, anzumelden, wenn sie „noch Kartoffeln für ihre Haushaltungen nötig haben". Bis zum 13. Februar konnte dieser Bedarf angezeigt werden.[67] Anschließend wurden die gesamten Kartoffelvorräte, mit Ausnahme der Freimengen, die den Anwohnern zugestanden worden waren, beschlagnahmt und gleichzeitig Höchstpreise für Kartoffeln festgelegt.[68]

Ende Oktober 1914 zeigten sich erste Zeichen von Ernüchterung bezüglich der Kriegsdauer, bei Scheer und wie es scheint auch bei den Windeckern, denn er schrieb: „Man ist allgemein der Ansicht, daß der Krieg sich vielleicht doch länger hinziehen werde, als ursprünglich angenommen." Für diese Annahme spreche auch „die neue Verordnung des Bundesrates, wonach die Suspendierung der Auslandsforderungen, sowie die Fälligkeit der Auslandswechsel, soweit diese unter die alte Verordnung fallen, um weitere drei Monate hinausgeschoben wurden".[69] Zuvor war der Schlieffen-Plan zur Eroberung Frankreichs durch die Niederlage des deutschen Heeres bei der Schlacht an der Marne endgültig gescheitert, sodass zumindest auf Seiten der Regierung die Einsicht folgen musste, dass der Krieg sich wesentlich länger hinziehen würde, als es in den ursprünglichen militärischen Planungen kalkuliert worden war. An der Heimatfront konnte dies nur vermutet werden: Da die Niederlagen sich nicht in den deutschen Medien wiederfanden, verzögerte sich diese Einsicht bei den Daheimgebliebenen noch.[70] Dementsprechend waren die Windecker weiterhin zuversichtlich, dass der Krieg bald enden werde. Im „Weihnachtsgruß an Windeckens Krieger" schrieb Pfarrer Baumann am Jahresende 1914 von „diesem Weihnachten des Kriegsjahrs", ein Hinweis darauf, dass er nicht vermutete, dass der Krieg sich bis zum nächsten Dezember oder gar noch länger hinziehen werde.[71]

---

[64] WZ Nr. 82, 14. Oktober 1914, S. 1.
[65] Zum Beispiel: WZ Nr. 66, 19. August 1914, S. 1.
[66] WZ Nr. 85, 24. Oktober 1914, S. 2.
[67] WZ Nr. 12, 10. Februar 1915, S. 1.
[68] WZ Nr. 13, 13. Februar 1915, S. 1.
[69] WZ Nr. 86, 28. Oktober 1914, S. 2.
[70] Flemming, Heimatfront, S. 124.
[71] Weihnachtsgruß an Windeckens Krieger 1914, S. 1, Archiv der Evangelischen Kirchengemeinde Windecken.

Bezüglich der Lebensmittelversorgung hatte Scheer im Dezember 1914 seinen Optimismus noch nicht völlig verloren. Er war der Ansicht, Deutschland könne gänzlich ohne ausländische Importe von Korn, Gerste, Weizen, Mais und Ähnlichem auskommen, dafür müsse nur umgeplant werden. Es müsse „jeder verfügbare Boden" genutzt werden; indem man „einen großen Teil desjenigen guten, jetzt nur mit Zuckerrüben bebauten Bodens für Getreide- und Kartoffelanbau" verwende, könne einem eventuellen Mangel an diesen unersetzlichen Volksernährungsmitteln" vorgebeugt werden. Schließlich könne Rübenzucker zu diesem Zeitpunkt sowieso nicht ausgeführt werden. Infolgedessen würden immense Vorräte an Rübenzucker entstehen, die ausreichend seien, um den Bedarf des kommenden Jahres zu decken. Daher könnten die Ackerflächen, die sonst für den Anbau von Zuckerrüben vorgesehen seien, nun zu großen Teilen für Getreide, Kartoffeln oder Futterstoffe verwendet werden. Auf diese Weise könne „einem eventuellen Mangel an diesen unersetzlichen Volksernährungsmitteln sicher vorgebeugt werden".[72] Eine weitere Idee für die Verwendung von Zuckerrüben veröffentlichte Scheer kurz darauf: Sie seien ein „ganz vorzügliches Futtermittel", das trocken gelagert „unbegrenzt" haltbar sei.[73]

Im Januar 1915 berichtete Scheer unter der Überschrift „Kein frisches Brötchen zum Kaffee", dass von der Mitte des Monats an durch neue Bundesratsverordnungen sowohl auf städtischer als auch auf ländlicher Ebene starke Veränderungen eintreten würden. Fortan konnte Weizenmehl nicht mehr pur, sondern nur noch mit Roggenmehl versetzt erworben werden. Es war nicht möglich, dies zu umgehen, selbst diejenigen, die ihren eigenen Weizen zur Mühle brachten, bekamen gemischtes Mehl ausgehändigt. Scheer war sich sicher, dass diese Regelung die effektivste Möglichkeit war, um die Weizenvorräte zu strecken, gleichzeitig war sie aber einschneidender als alles, was zuvor entschieden worden war. Zudem durften Bäckereien ihre Erzeugnisse erst 24 Stunden nach der Fertigstellung verkaufen. Es war in der Folge nicht mehr möglich, frische Brötchen oder Brote zu genießen. Roggenbrot werde von nun an „viel stärker als seither Kriegsbrot sein", kommentierte Scheer.[74] Ab Mitte März durfte das Kriegsbrot gar kein Weizenmehl mehr enthalten.[75] Immer wieder wurden die entsprechenden Anpassungen dieser Regelungen veröffentlicht.[76]

---

[72] WZ Nr. 96, 5. Dezember 1914, S. 2.
[73] WZ Nr. 99, 16. Dezember 1914, S. 3.
[74] WZ Nr. 3, 9. Januar 1915, S. 1; siehe auch: WZ Nr. 16, 24. Februar 1915; Verstöße wurden hart bestraft, wie Berichte aus der Rubrik „Schöffengerichtssitzung" zeigen: Eine Bäckerin aus Kilianstädten musste beispielsweise 20 Mark Strafe zahlen, weil sie einen Laib Brot vor Ablauf der festgesetzten Frist verkauft hatte; WZ Nr. 33, 24. April 1915, S. 1.
[75] WZ Nr. 23, 20. März 1915, S. 1.
[76] Ende März musste Roggenbrot mindestens zehn Prozent Kartoffelmehl, höchstens dreißig Weizenmehl und ansonsten Roggenmehl enthalten; WZ Nr. 26, 31. März 1915, S. 1. Schon in der folgenden Ausgabe wurde bekanntgegeben, dass sich das Verhältnis der Getreidesorten dahingehend verschoben habe, dass wenn nicht mehr

War es zuvor üblich, angefertigte Teige beim Bäcker abzugeben, damit dieser sie ausbuk, mussten die Windecker Bäcker dieses Angebot „in dieser Zeit der notwendigen Beschränkung" einstellen.[77] Bald darauf wurde, basierend auf einer Entscheidung des Bundesrats, für den gesamten Landkreis Hanau das Backen von Kuchen verboten. Zuwiderhandlungen wurden streng geahndet, es drohten Geldstrafen von bis zu 1500 Mark.[78] Selbst bei feierlichen Anlässen waren keine Ausnahmen zugelassen.

Bereits im Oktober 1914 – also nur zwei Monate nach Kriegsausbruch – wurden Höchstpreise für zahlreiche Produkte eingeführt, um unkontrollierbare Preissteigerungen zu unterbinden, die Hamsterkäufe und Spekulationen ausgelöst hatten.[79] Die Knappheit begünstigte das Entstehen von Schwarzmärkten, auf denen die Waren zu wesentlich höheren Preisen gehandelt wurden. Die Höchstpreisverordnungen waren aber weitgehend wirkungslos, denn viele Händler hielten ihre Waren nun zurück, um später höhere Preise zu erzielen. In Frankfurt waren bereits kurz nach der Verordnung keine Kartoffeln mehr zu haben.[80] Ein Problem der Höchstpreise war, dass sie nicht einheitlich und wirkungsvoll umgesetzt wurden. Ein weiterer Grund, weshalb die Höchstpreise zunächst eher kontraproduktiv waren, bestand darin, dass die Lebensmittelproduzenten es bevorzugten, fortan diejenigen Erzeugnisse herzustellen und zu verkaufen, mit denen sie die größten Gewinne erwirtschaften konnten.[81] Ein Laib Brot zu 3½ Pfund durfte im Landkreis Hanau im Februar 1915 für nicht mehr als 68 Pfennig verkauft werden.[82] Immer wieder wurden die Höchstpreise für Brot angepasst. Im Februar 1915 durfte ein Brot von zwei Kilogramm nicht mehr als 80 Pfennig kosten, ein Laib von einem Kilo 40 Pfennig und ein Weißbrot von einem Kilo maximal eine Mark. Laut Scheer war es nötig geworden, die Beträge der Entwicklung des Mehlpreises anzugleichen. Zudem habe die Einführung des Einheitsbrotes, das entweder ein oder zwei Kilo wog, die Preissteigerung notwendig gemacht. Wichtig sei, dass die Gewichtsangaben eingehalten würden, das sei in Frankfurt nicht der Fall, wo ein „Vierpfundbrot" nur den Namen trage, in Wahrheit aber nur 1700 Gramm wiege.[83]

Ab März 1915 wurden Marken verteilt, die zum Kauf von entweder einem Kilogramm Brot oder 800 Gramm Mehl berechtigten.[84] Wer dabei erwischt wurde, höhere Preise für seine Waren zu verlangen, den erwarteten teils hohe Strafen. Herrmann Glauberg, ein Kaufmann aus Langenselbold, hatte beim Verkauf von

---

Weizen genutzt würde, bald mehr Vorräte an Weizen vorhanden wären als an Roggen; WZ Nr. 27, 3. April 1915, S. 1.
[77] WZ Nr. 7, 23. Januar 1915, S. 4.
[78] WZ Nr. 12, 10. Februar 1915, S. 1; vgl. Alt, Kriegsalltag, S. 27.
[79] Roerkohl, Die Lebensmittelversorgung während des Ersten Weltkriegs, S. 320.
[80] Regulski, Klippfisch und Steckrüben, S. 49.
[81] Flemming, Heimatfront, S. 145.
[82] WZ Nr. 12, 10. Februar 1915, S. 1.
[83] WZ Nr. 16, 24. Februar 1915, S. 1.
[84] WZ Nr. 18, 3. März 1915, S. 1.

Kartoffeln nicht den festgelegten Höchstpreis für den Doppelzentner verlangt, sondern einen höheren Betrag. Die Hanauer Strafkammer verurteilte ihn hierfür zu einer Geldstrafe von 300 Mark oder 30 Tagen Gefängnis. Die Ehefrau von Jakob Dörr aus Eichen wurde für das gleiche Vergehen zu einer Geldstrafe von 50 Mark oder 10 Tagen Gefängnis verurteilt. Der Hanauer Landwirt Theodor Reuling hatte bei der Beschlagnahmung von Kartoffeln einen Teil seiner Vorräte, nämlich bis zu 30 Zentner Kartoffeln, verschwiegen und diese später verkauft. Hierfür wurde ihm eine Geldstrafe von 200 Mark oder 20 Tagen Gefängnis auferlegt.[85]

Ein Exkurs in die Rubrik „Gerichtssaal" zeigt die Härte, mit der solche Verstöße geahndet wurden. Hier veröffentlichte Scheer immer wieder Nachrichten über Verurteilungen zu Geld- oder Gefängnisstrafen durch Gerichte im gesamten Reich. Während Scheer in seiner Zeitung häufig Berichte über besonders patriotische Taten druckte, die er seinen Mitbürgern zur Nachahmung empfahl, dienten diese Texte eher als Abschreckung und mahnende Erinnerung, sich an die Gesetze zu halten. Die Gerichtsurteile betrafen häufig den Umgang mit Lebensmitteln. So sei in Bernau die Frau eines Bäckers, die ohne Befugnis „beschlagnahmte Weizenmehlvorräte beiseite schaffte" und sich bei der Verwendung von Weizenmehl nicht an die „vorgeschriebene Mischung" hielt, zu einer Geldstrafe von 150 Mark verurteilt worden.[86] Die hohe Summe von 1000 Mark musste ein Hofbäcker aus Dresden als Strafe dafür bezahlen, dass er mehr Mehl als erlaubt verbraucht hatte.[87] In Windecken wurde 1917 ein Ehepaar, das Schweinefleisch über dem gesetzlich festgesetzten Höchstpreis verkauft hatte, vom Schöffengericht zu einer Geldstrafe von jeweils 500 Mark verurteilt. Als die Eheleute dagegen Berufung einlegten, erfolgte allerdings nicht die erhoffte Reduzierung der Geldbuße, vielmehr verurteilte die Strafkammer Hanau die Angeklagten zur Zahlung der doppelten Summe.[88]

Seit Januar 1915 enthielt die Windecker Zeitung neben den üblichen Aufrufen zur Sparsamkeit zusätzlich noch eindringliche Kästen mit der Botschaft: „Wer Brotgetreide verfüttert, versündigt sich am Vaterland und macht sich strafbar".[89] Diese Kästen waren keineswegs einzigartig, sondern wurden auch in zahlreichen weiteren Medien identisch abgedruckt, etwa in der „Biebricher Tagespost".[90] Das lässt darauf schließen, dass gegen das Verbot des Verfütterns von Brotgetreide, das Ende Oktober 1914[91] erlassen wurde, häufiger verstoßen wurde und daher Erinnerungen notwendig waren. Ein weiterer Hinweis wurde im Januar auf dem Titelblatt der Windecker Zeitung platziert. Dieser forderte die Leser auf:

---

[85] WZ Nr. 11, 6. Februar 1915, S. 1.
[86] WZ Nr. 35, 1. Mai 1915, S. 3.
[87] WZ Nr. 40, 19. Mai 1915, S. 3.
[88] Fuldaer Zeitung Nr. 82, Erstes Blatt, 10. April 1917, S. 3.
[89] WZ Nr. 2, 6. Januar 1915, S. 4.
[90] Biebricher Tagespost Nr. 353, 53. Jahrgang, 30. Dezember 1914, Erstes Blatt, S. 2.
[91] Vgl. Regulski, Klippfisch und Steckrüben, S. 33.

„Versorgt Euch mit Vorrat an Schweinefleisch-Dauerware."[92] Ein entsprechendes Merkblatt zur Herstellung von „Schweinefleisch-Dauerware" folgte.[93]

Schließlich wurde die Rationierung von Lebensmitteln notwendig. Ab Februar 1915 erfolgte die Zuteilung von Brotmarken.[94] Zunächst betraf die Zuteilung nur Getreideerzeugnisse, darunter Brot, aber auch Mehl.[95] Die Windecker bekamen die Brotmarken alle zwei Wochen durch die Gemeindebehörde zugeteilt. Nicht genutzte Scheine durften nicht in den nächsten Zuteilungszeitraum mitgenommen, sondern mussten zurückgegeben werden.[96]

Im Juni 1915 versicherte die Reichsregierung, „Deutschlands Brotversorgung" sei „zweifellos gesichert". Für den Fremdenverkehr und die „schwer Arbeitenden" wurde die Brotration sogar erhöht. Wer auf Reisen war, musste sich in der Heimatstadt beim Amt abmelden, nur so bestand die Möglichkeit, auch auswärts Brotmarken zugeteilt zu bekommen.[97] Die Zuteilung wurde allmählich auf zahlreiche weitere Produkte ausgeweitet. Im gleichen Sommer wurden schließlich auch Zuteilungsmarken für Kleidung, Schuhe, Brennstoffe und Reinigungsmittel eingeführt.[98]

Der zunehmende Mangel an Getreide veranlasste die Reichsregierung Anfang 1915 zu drastischen Maßnahmen. Nicht nur wurden regelmäßig Beschlagnahmungen durchgeführt.[99] Auf Anordnung des Bundesrats wurde im März und April der gesamte Bestand an Schweinen gezählt und anschließend veranlasst, dass rund 2,5 Millionen Schweine zwangsgeschlachtet wurden.[100] Diese „Zwischenzählung der Schweine" erwähnte auch Scheer in der Windecker Zeitung. Die Aktion sollte am 15. März beginnen und am selben Tag abgeschlossen werden. Scheer stellte klar, dass die Zählung, anders als es offenbar kursierte, keinen steuerlichen Hintergrund habe.[101] Ende März wurde bekanntgegeben, dass alle „halbreifen Schweine", also Tiere mit einem Gewicht zwischen 120 und 180 Pfund, sofort geschlachtet werden müssten. Als Grund für diesen Beschluss wurde angegeben, die Vorräte an Kartoffeln würden „unbedingt" gebraucht, um damit die Ernährung des Volkes für die kommenden Monate zu sichern. Die Preise beliefen sich, abhängig vom Gesamtgewicht des Tieres, auf 57 bis 62 Mark je 100 Pfund Lebendgewicht, vorausgesetzt, die Besitzer fügten sich freiwillig der Verord-

---

92 WZ Nr. 7, 23. Januar 1915, S. 1.
93 WZ Nr. 8, 27. Januar 1915, S. 4, sowie WZ Nr. 9, 30. Januar 1915, S. 1.
94 WZ Nr. 14, 17. Februar 1915, S. 1.
95 Flemming, Heimatfront, S. 160.
96 WZ Nr. 14, 17. Februar 1915, S. 1.
97 WZ Nr. 46, 9. Juni 1915, S. 2.
98 Hirschfeld/Krumeich, Deutschland im Ersten Weltkrieg, S. 132.
99 Bekanntmachung über die Beschlagnahmung von Hafer: WZ Nr. 12, 10. Februar 1915, S. 1; Beschlagnahmung von Gerste: WZ Nr. 13, 13. Februar 1915, S. 1.
100 Hirschfeld/Krumeich, Deutschland im Ersten Weltkrieg, S. 122; siehe auch Roerkohl, Hungerblockade, S. 33.
101 WZ Nr. 20, 10. März 1915, S. 1.

nung. Wer sich weigerte, wurde zwangsenteignet und erhielt eine geringere Bezahlung für die Schweine. Je nach Gewicht bedeutete das einen Preisunterschied von bis zu sechs Mark pro 100 Pfund Lebendgewicht.[102]

Im April wurde eine erneute Zählung durchgeführt. Die „Zentral-Einkaufsgesellschaft m.b.H." gehe nun „energisch" im Ankauf von „halbreifen Schweinen" vor, berichtete die Windecker Zeitung.[103] Die Zwangsschlachtung der Schweine zielte darauf ab, weniger Getreide für die Viehzucht zu verwenden und somit mehr Vorräte für die Ernährung der Bevölkerung zur Verfügung zu haben. Dies stellte sich allerdings „als eine der bis dahin größten Fehlplanungen in der Ernährungswirtschaft" des Deutschen Reiches heraus.[104]

Immer mehr Länder, aus denen das Deutsche Reich vormals Waren importiert hatte, fielen während des Krieges als Lieferanten aus. Neben den verfeindeten Staaten auf Seiten der Entente, die beinahe sofort ihre Lieferungen einstellten, erschwerten Blockaden die Lieferungen. Selbst neutrale Länder stellten nach und nach die Exporte nach Deutschland ein oder reduzierten sie. Schließlich endete auch Wilhelm Scheers unermüdlich propagierter Optimismus bezüglich der Nahrungsmittelversorgung, auch wenn er nicht direkt von einer aktuellen, sondern mehr von einer sich ankündigenden Bedrohung schrieb. Im Juli 1915 hieß es in einem Artikel auf der Titelseite der Windecker Zeitung: „Alle Beschönigungsversuche können uns nicht mehr über die offensichtliche Tatsache hinwegtäuschen, daß wir ernstlich mit einem Mangel an Lebensmitteln rechnen und daher dem Eintreten magerer Zeiten entgegenarbeiten müssen." Jeder „Kleinkaufmann" habe nun nicht mehr nur den „Beruf", „die Wünsche seiner Kundschaft zu befriedigen", sondern müsse auch als „Erzieher" aktiv werden. Als solcher sei es seine Aufgabe, „den Konsum" in die richtigen Bahnen zu lenken". Besonders betroffen von der Knappheit waren „überseeische Erzeugnisse", namentlich genannt wurden Kakao, Kaffee und Tee. Entsprechend seien diese Produkte besonders betroffen von den Preissteigerungen. Gerade für den „ärmeren Teil der Bevölkerung" seien diese Dinge nicht mehr erschwinglich. Daher wurde die Bedeutung von Ersatzprodukten betont. Statt also „schlechten überseeischen Kaffee zu abnorm hohen Preisen" zu erwerben, sollten die Deutschen lieber auf „einheimischen Malz-, Korn- oder Feigenkaffee" zurückgreifen.[105]

Ab 1916 gelang es vielen Familien nur noch unter enormem Aufwand, sich ausreichend mit Lebensmitteln einzudecken. „Stundenlanges Schlangestehen" für Lebensmittel zählte längst zum Alltag an der Heimatfront.[106] Doch selbst dies führte nicht immer zum Erfolg, häufig gingen die Menschen „unverrichteter Dinge" wieder nach Hause.[107] Die Preise für Lebensmittel stiegen ins Unermess-

---

[102] WZ Nr. 26, 31. März 1915, S. 1.
[103] WZ Nr. 29, 10. April 1915, S. 1.
[104] Alt, Kriegsalltag, S. 30.
[105] WZ Nr. 54, 7. Juli 1915, S. 1.
[106] Hirschfeld/Krumeich, Deutschland im Ersten Weltkrieg, S. 133.
[107] Stüber, Alltagsleben, S. 134f.

liche, was Wilhelm Scheer in der Windecker Zeitung heftig kritisierte. Im Juni 1915 berichtete er, dass zahlreiche Metzger den Frankfurter Markt verlassen hätten, ohne Fleisch- und Wurstwaren einzukaufen. Die Kosten für die Produkte bezeichnete Scheer als „Phantasiepreise". Allerdings liege die Verantwortung für den ungebremsten Preisanstieg nicht beim Fleischgewerbe, denn trotz der horrenden Geldsummen, die mittlerweile verlangt würden, werde mit diesen Beträgen kaum ein Verdienst erwirtschaftet. Die Metzger und die Verbraucher seien wegen der hohen Kosten jedoch zu bedauern.[108]

Auf dem Markt bildete sich ein neues Segment: die Ersatzstoffe. Der Handel mit diesen Surrogaten nahm immer stärker zu. Bis zum Kriegsende hatten Schätzungen zufolge rund 11 000 unterschiedliche Ersatzprodukte den Weg auf den deutschen Markt gefunden, darunter allein 800 fleischlose Alternativen zu Würstchen.[109] Die Ersatzprodukte waren jedoch häufig von minderer Qualität.[110] Zudem konnten sie teilweise nicht genauso verwendet werden wie die bekannten Produkte, manchmal waren sie sogar gefährlich. So wurde für Petroleum ein Ersatzstoff entwickelt, der jedoch wesentlich leichter entflammbar war als echtes Petroleum.[111] In der Windecker Zeitung wurde Anfang April 1915 davor gewarnt, dass der Leuchtstoffersatz sogar dazu neige, zu explodieren.[112] Aufgrund dieser Gefahr wurde von der Nutzung abgeraten. Darüber hinaus betrogen viele Händler ihre Kunden beim Verkauf von Ersatzstoffen, indem sie beispielsweise „Eierersatz aus gelb gefärbtem Maismehl" produzierten.[113] Die städtische Bevölkerung versuchte vor allem seit 1916 den Mangel an Lebensmitteln durch Hamsterfahrten in das ländliche Umland auszugleichen. Für die in unmittelbarer Nachbarschaft von Windecken liegenden Gemeinden Eichen und Erbstadt stellte der dortige Pfarrer Karl Wilhelm Castendyck in der Pfarrchronik für das Jahr 1917 fest, die Städter seien zu einer „Landplage" geworden.[114] Es ist anzunehmen, dass auch Windecken Besuch von Hamsterern der umliegenden Städte wie Hanau und Frankfurt bekam.[115]

Der Mangel betraf weite Bereiche der Lebenswelt der Windecker. Im November 1915 sahen sich die Windecker Pfarrer mehrfach gezwungen, die Kriegsbetstunde wegen Petroleummangels ausfallen zu lassen.[116] Auch mussten im Winter wegen des Mangels an Brennstoffen zeitweise die Schulen geschlossen und die Gottesdienste abgesagt werden.

---

[108] WZ Nr. 44, 2. Juni 1915, S. 1.
[109] Chickering, The Great War, S. 266.
[110] Rudolph, Kultureller Wandel und Krieg, S. 296; siehe auch Stüber, Alltagsleben, S. 135.
[111] Stüber, Alltagsleben, S. 135.
[112] WZ Nr. 28, 7. April 1915, S. 4.
[113] Chickering, The Great War, S. 314.
[114] Castendyck, Kriegschronik, S. 143.
[115] Vgl. Alt, Kriegsalltag, S. 31–33.
[116] WZ Nr. 88, 3. November 1915, S. 1; WZ Nr. 90, 10. November 1915, S. 1.

Die schlechte Versorgungslage führte seit 1915 zu Auseinandersetzungen zwischen der Zivilbevölkerung und den Behörden. Neben der allgemein schlechten Versorgung fühlten sich Teile der Bevölkerung bei der Verteilung der Lebensmittel benachteiligt. Zwischen 1915 und dem Kriegsende führte dies zu gravierenden Spannungen, durch die sich „die Beziehung zwischen dem deutschen Staat und seiner Bevölkerung radikal" veränderte. Je länger der Krieg andauerte, umso größer wurde die Anzahl jener, die „die Aufgabe der Regierung" darin sahen, „dem deutschen Volk zu dienen". Teile der Bevölkerung verabschiedeten sich damit von der traditionellen Auffassung, wonach das Volk der Regierung dienen müsse.[117] Ähnliches beschreibt Ute Daniel, die diese Entwicklung jedoch vor allem auf Stadtfrauen bezieht. Diese hätten sich nicht von den Bemühungen der Obrigkeiten, ihnen einen Verhaltenskodex zu diktieren, durch den der „Burgfriede" gesichert werden sollte, beeinflussen lassen. Stattdessen hätten sie aus dem Hunger und der Not, ihre Familien ernähren zu müssen, schließlich eigene Rechtsvorstellungen entwickelt, die im Gegensatz zur Propaganda und den Regelungen der Regierung standen.[118]

3. Kriegsgefangene in Windecken

Schon am Beginn des Krieges wurden in den Medien Rufe laut, welche den Einsatz russischer Kriegsgefangener als Erntearbeiter forderten, wie Scheer mit Bezug auf die „Leipziger Neuesten Nachrichten" berichtete. Umgekehrt habe Russland, so der Bericht einer Münchnerin, alle deutschen Frauen ausgewiesen und die Männer, die sich zu diesem Zeitpunkt im Land aufgehalten hätten, als Kriegsgefangene einbehalten.[119]

In der Windecker Zeitung wurde in beinahe jeder Ausgabe über das aktuelle Kriegsgeschehen berichtet. Dabei wurde häufig erwähnt, dass die deutsche Armee nach siegreichen Schlachten zahlreiche Kriegsgefangene gemacht hatte. Am 22. August 1914 berichtete die Windecker Zeitung beispielsweise von der Schlacht „zwischen Metz und den Vogesen", bei der die deutschen Truppen „mehr als 10 000 Gefangene" gemacht hätten.[120] Der Bericht sticht hervor, nicht nur, weil er fett gedruckt ist, sondern auch, weil die Schriftart abweicht. Scheer nutzte sonst die Frakturschrift für seine Zeitung, während er für diesen Artikel eine Antiquaschrift verwendete.

Im Verlauf des Krieges publizierte Scheer wiederholt die aktuelle Anzahl von Kriegsgefangenen. Am 7. November 1914 bezifferte Scheer die Höhe der bisher durch das deutsche Heer gemachten ausländischen Kriegsgefangenen exakt auf 433 247 Soldaten. Um seinen Lesern diese Zahl verständlich zu machen, erklärte Scheer, die Zahl entspreche dem „stehenden Heere einer modernen Groß-

---

[117] Davis, Heimatfront, S. 130.
[118] Daniel, Arbeiterfrauen, S. 215.
[119] WZ Nr. 62, 5. August 1914, S. 4.
[120] WZ Nr. 67, 22. August 1914, S. 1.

3 Die wirtschaftlichen Folgen des Krieges in Windecken

macht".[121] Im April 1915 gab Scheer die Anzahl der feindlichen Kriegsgefangenen im Deutschen Reich mit 830 000 Personen an. Das sei eine enorme Steigerung gegenüber dem Jahresbeginn, denn im Januar hätten sich rund 600 000 Gefangene im Land befunden.[122] Auch die Kosten für ihre Verpflegung benannte Scheer: Laut seinem Bericht musste der Staat jeweils 60 Pfennig täglich aufbringen, sodass reichsweit insgesamt Kosten von 10 800 000 Mark monatlich anfielen.[123]

Je mehr Kriegsgefangene gemacht wurden, umso höher wurde auch die Wahrscheinlichkeit des Aufeinandertreffens der Ausländer mit Einheimischen. Entsprechend wurden die Deutschen und insbesondere die Kinder früh auf mögliche Begegnungen mit Kriegsgefangenen vorbereitet. Schließlich verkehrten die Gefangenen, zwar unter Bewachung, aber dennoch für jeden sichtbar, auf den deutschen Straßen. So bekamen auch Kinder abseits der Fronten feindliche Soldaten zu sehen. Ulrich Nieß und Hanspeter Rings beschreiben, wie im Rhein-Neckar-Raum Spielzeug und kindgerechte Literatur eingesetzt wurden, um kleine Kinder auf etwaige Begegnungen mit Kriegsgefangenen vorzubereiten. Als Beispiel nennen sie Bilderbücher mit Kriegsthematiken oder Käthe-Kruse-Stoffpuppen, die in Uniformen der deutschen Soldaten gekleidet waren.[124]

Eine erste lokale Erwähnung fanden die Kriegsgefangenen als Verwundete in den Lazaretten in einem Artikel der Windecker Zeitung vom Oktober 1914. Darin hieß es, dass die Windecker eine beachtliche Menge „Apfel- und Zwetschenkuchen" für die umliegenden Lazarette gebacken hätten, „24 wohlgeratene Kuchen" seien gespendet worden. Davon seien sechzehn ursprünglich für das Garnisonslazarett gedacht gewesen. Allerdings habe dieses „seit vorigem Sonntag (…) viel rotbehosten Besuch bekommen", berichtete Scheer, womit er auf die französischen Kriegsgefangenen anspielte. Und denen „wollen wir doch unseren guten deutschen Zwetschenkuchen nicht stiften". Statt also wie geplant sechzehn Kuchen an das Garnisonslazarett zu spenden, seien in Absprache mit der Lazarettverwaltung kurzfristig sechs der Kuchen an das Reservelazarett Turnhalle geschickt worden.[125]

In der Öffentlichkeit war das Bild der Kriegsgefangenen ambivalent. Anfang 1915 berichtete Scheer in der Windecker Zeitung, viele Menschen seien der Meinung, dass „die Kriegsgefangenen ihre Zeit hier nutzlos verbringen". Für die Gefangenen seien Aufgaben vorgesehen, bei denen sie keine Konkurrenz für deutsche Arbeitslose darstellen würden. In einigen Bereichen würden sie bereits eingesetzt, für andere Arbeiten würden derzeit noch Vorbereitungen laufen, was bei

---

[121] WZ Nr. 89, 7. November 1914, S. 1.
[122] WZ Nr. 30, 14. April 1915, S. 3; siehe auch WZ Nr. 9, 30. Januar 1915, S. 3.
[123] WZ Nr. 9, 30. Januar 1915, S. 3.
[124] Nieß/Rings, Der Krieg, S. 107.
[125] WZ Nr. 79, 3. Oktober 1914, S. 1. Die Umschreibung „rotbehost" bezieht sich auf Mitglieder der französischen Armee, die traditionell rote Hosen trugen. Vgl. Hirschfeld/Krumeich, Deutschland im Ersten Weltkrieg, S. 78.

einigen Deutschen offenbar den Eindruck hinterlasse, dass die Gefangenen nicht arbeiten würden.[126]

In der Windecker Pfarrchronik werden die Kriegsgefangenen erstmals im Zusammenhang mit der Jahresernte 1915 erwähnt. An dieser seien französische Gefangene beteiligt gewesen, heißt es.[127] Tatsächlich war der Einsatz von Kriegsgefangenen bei der Ernte eine kostengünstige und daher beliebte Möglichkeit, um die abwesenden Landwirte bei der Ernte zu ersetzen.[128] Dies war auch „der primäre Einsatzbereich der Kriegsgefangenen".[129] Ein Betrieb, der Kriegsgefangene beschäftigen wollte, musste einige Regeln befolgen. Die Gefangenen mussten in „Kolonnen von 15 Mann" eingesetzt werden, dazu kamen drei Begleitmannschaften. Bei den Arbeiten sollten die Gefangenen nicht voneinander getrennt werden, sondern stets auf dem gleichen Gelände zum Einsatz kommen. Darüber hinaus mussten die Gefangenen und deren Begleittruppen bezahlt werden. Neben einer „sicheren Unterkunft" und „Pflege" musste jedem einzelnen Gefangenen ein Lohn von 50 Pfennig pro Tag gezahlt werden. In der Landwirtschaft sollten vornehmlich solche Ausländer zum Einsatz kommen, die in ihrer Heimat bereits Erfahrungen in diesem Bereich gesammelt hatten.[130]

Ende Januar 1915 berichtete die Windecker Zeitung in herabsetzender Weise, dass die russischen Kriegsgefangenen über einen „geradezu staunenswerten Appetit" verfügten. Zur Stillung ihres Hungers würden sie sogar zu „'schweinischen' Methoden" greifen: So würden sie „in unbewachten Augenblicken Sturmangriffe auf den Inhalt der Müll- und Ke[h]richtgruben" unternehmen und sich mit allem, „was weich und kaubar ist", den Magen füllen.[131]

Trotz der Bemühungen der Regierung und der abwertenden Berichterstattung der Zeitungen war die Neugierde der Deutschen auf die gegnerischen Soldaten groß. Viele Zivilisten begaben sich zu den Lagern, um sich selbst ein Bild des Feindes zu machen.[132] Die Pressepropaganda tat jedoch alles, um eine unvoreingenommene Wahrnehmung der Kriegsgefangenen zu verhindern. Empörung erregten bereits kleinere Ereignisse. Die angeblich „zu gute Versorgung" von Kriegsgefangenen erhitzte die Gemüter. Die Weitergabe von Wein oder Schokolade wurde als „unpatriotisches Verhalten" geahndet.[133]

Durch den vermehrten Einsatz von Kriegsgefangenen in der Landwirtschaft stieg die Wahrscheinlichkeit einer Begegnung der Gefangenen mit einheimischen Frauen, was die Sorge aufkommen ließ, dass sich deutsche Frauen auf Kriegsge-

---

[126] WZ Nr. 7, 23. Januar 1915, S. 3.
[127] Pfarr-Chronik Windecken, S. 16.
[128] Oltmer, Unentbehrliche Arbeitskräfte, S. 68.
[129] Müller, „Im verlassenen Grab im Mauerwinkel", S. 155.
[130] WZ Nr. 17, 27. Februar 1915, S. 1.
[131] WZ Nr. 8, 27. Januar 1915, S. 3.
[132] Becker, Paradoxien in der Situation der Kriegsgefangenen, S. 26; siehe auch Müller, „Im verlassenen Grab im Mauerwinkel", S. 156.
[133] Daniel, Arbeiterfrauen, S. 27.

fangene einlassen würden.[134] Möglicherweise zur Abschreckung berichtete Wilhelm Scheer im Dezember 1914 über die Stadt Görlitz, wo einige Frauen anscheinend zu großes Interesse an den ausländischen Männern gezeigt hatten. Das sei „würdelos", urteilte der Artikel.[135] Diejenigen einheimischen Frauen, die Beziehungen mit Kriegsgefangenen eingingen, wurden sozial ausgegrenzt und in den Zeitungen öffentlich an den Pranger gestellt.[136]

Andererseits zeigen die Berichte der Windecker Zeitung, dass das Zusammenleben funktionierte und sogar Rücksicht auf die Gefangenen genommen wurde. Hier ist insbesondere ein Beispiel zu nennen: Im August 1915 beschwerten sich französische Kriegsgefangene über den lautstarken Gesang bei den Treffen der Frauenhilfe. Daraufhin verkündeten die Frauen, sie würden sich das Singen „nicht verbieten" lassen; gleichwohl wurden die Versammlungen der Frauenhilfe von der Hochmühle „in den Saal des Gastwirts Schmalz" verlegt, um den Kriegsgefangenen einen ungestörten Schlaf zu ermöglichen.[137]

Das Verhältnis zu den Kriegsgefangenen wurde gerade in ländlichen Gegenden dadurch begünstigt, dass die Landwirtschaft unter den zahlreichen Rekrutierungen zu leiden hatte und die Kriegsgefangenen durch ihre Arbeitskraft diese Lücken zu füllen vermochten.[138] Ein weiterer Grund lag wohl auch darin, dass die Kriegsgefangenen, die in der Landwirtschaft oder kleinen Betrieben eingesetzt wurden, eine wesentlich bessere Behandlung erfuhren als diejenigen, die in großen Lagern untergebracht wurden.[139] Die Einheimischen konnten Verständnis für die „Fremden" aufbringen, denn viele hatten selbst Angehörige, die in Kriegsgefangenschaft geraten waren.[140] Und so erfuhren die Ausländer in Windecken und der Umgebung meist eine gute Behandlung. Sie durften teilweise den Gottesdienst besuchen, und in Heldenbergen wurden später sogar eigene Gottesdienste in französischer Sprache abgehalten.[141] Insgesamt kann das Verhältnis zwischen den Kriegsgefangenen und der lokalen Bevölkerung also durchaus als gut bezeichnet werden.

---

[134] Für Oldenburg belegt in: Ahrens u. a. (Red.), Oldenburg 1914–1918, S. 31.
[135] WZ Nr. 98, 12. Dezember 1914, S. 3.
[136] Müller, „Im verlassenen Grab im Mauerwinkel", S. 158; vgl. Daniel, Der Krieg der Frauen 1914, S. 139; Daniel, Arbeiterfrauen, S. 146. Zuweilen wurde der „sexuelle Kontakt deutscher Frauen mit Kriegsgefangenen" bestraft, aus dem Jahr 1916 sind mehrere Fälle von Verurteilungen überliefert. Die Strafen variierten stark und reichten bis zu sechs Monaten Haft. Vgl.: Landauer Anzeiger vom 21. Mai 1916, abgedruckt in: Flemming/Saul/Witt (Hrsg.), Lebenswelten im Ausnahmezustand, S. 104f.
[137] WZ Nr. 65, 14. August 1915, S. 4; siehe Müller, „Im verlassenen Grab im Mauerwinkel", S. 157f.
[138] Ahrens u. a. (Red.), Oldenburg 1914–1918, S. 30.
[139] Müller, „Im verlassenen Grab im Mauerwinkel", S. 153.
[140] Oltmer, Unentbehrliche Arbeitskräfte, S. 93.
[141] Müller, „Im verlassenen Grab im Mauerwinkel", S. 156.

Kriegsfrauenhilfe.

Unsere Soldaten draußen im Schützengraben weichen den Franzosen nicht. Wir als deutsche Frauen lassen uns von ihnen das Singen nicht verbieten. Da wir aber die Verantwortung nicht übernehmen wollen, den Schlaf der Herrn Franzosen durch unseren Gesang zu stören, so finden die Versammlungen der Kriegsfrauenhilfe vom nächsten Montag, den 16. August ab im Saale des Herrn Gastwirt Schmalz statt.

Der Vorstand
der Kriegsfrauenhilfe.

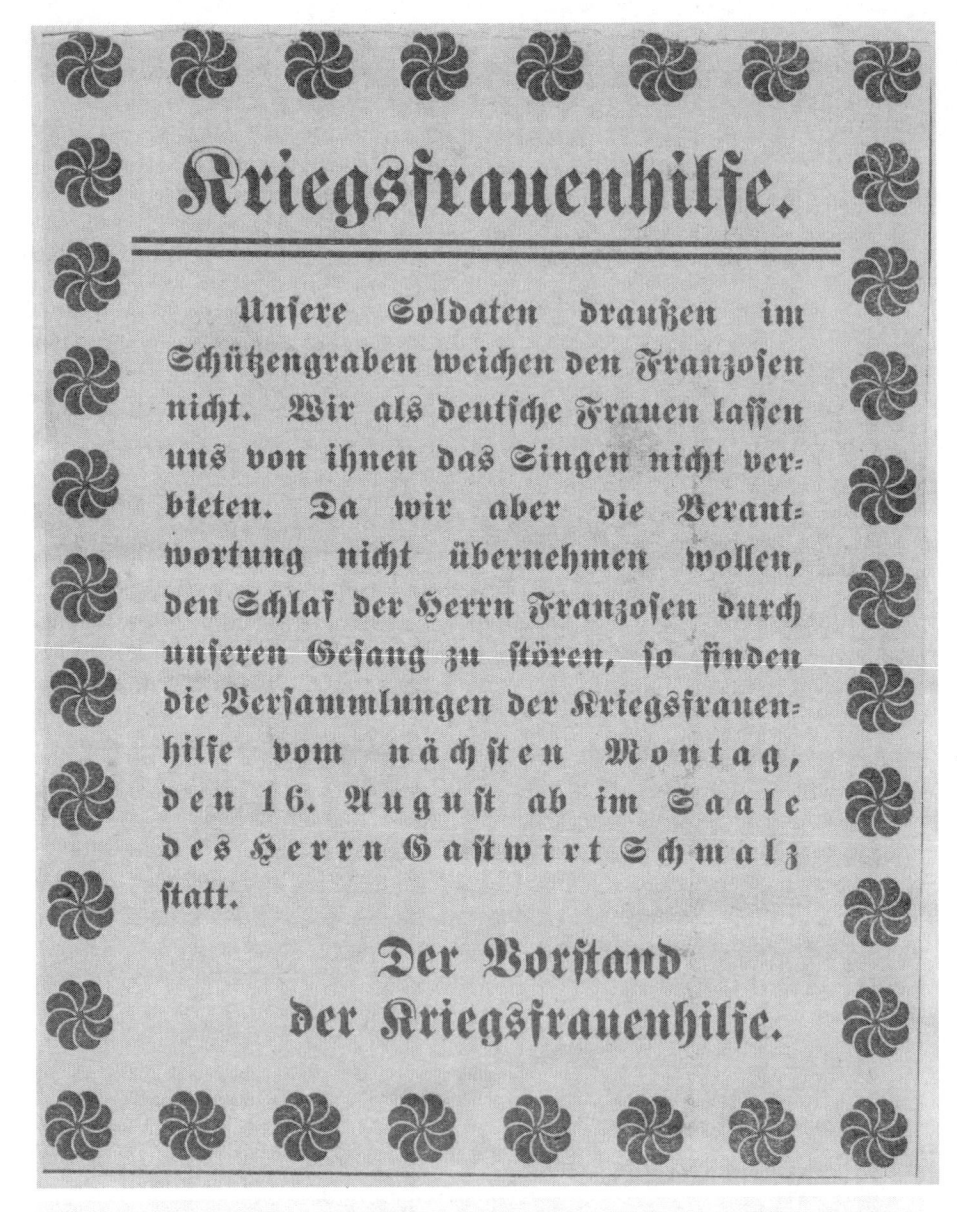

Abb. 11: Bekanntmachung der Windecker Kriegsfrauenhilfe, Windecker Zeitung vom 14. August 1915, S. 4.

Kapitel 4

Das Engagement der Vereine, Lehrer und Pfarrer

Die Windecker Bürgerinnen und Bürger bemühten sich darum, ihren Beitrag zum Krieg zu leisten. Beinahe in jeder Ausgabe der Windecker Zeitung rief Wilhelm Scheer dazu auf, sich zu engagieren. Insbesondere die Rubrik „Haus und Hof" der Zeitung enthielt immer wieder Hinweise, was die Daheimgebliebenen zugunsten der Soldaten und für ihr Vaterland tun könnten. Am 10. Oktober 1914 berichtete die Windecker Zeitung, die Stadt und ihre Anwohner hätten sich mit ihrem Engagement bereits einen guten Ruf in der Region verdient: So „könnten doch alle freundliche[n] Spender sehen, mit welchem Dank unsere Liebesgaben allüberall begrüßt werden und welch guten Ruf unser liebes altes Windecken nun schon Dank seiner Opferwilligkeit in Hanau genießt."[1]

Insbesondere die Vereine waren im Krieg außerordentlich aktiv. Allein 600 000 Mitglieder der deutschen Turnerschaft befanden sich laut Windecker Zeitung im Februar 1915 im Feld, an sie waren bis dahin über 7000 Eiserne Kreuze vergeben worden.[2] Der Hanauer „Turn- und Fechtklub", eine Zweigstelle der Deutschen Turnerschaft, gab bereits am 3. August 1914 bekannt, seine Halle „zu militärischen Zwecken zur Verfügung gestellt" zu haben.[3] Die Mitglieder[4] sollten sich dazu bereithalten, „Hilfeleistungen im Interesse des Vaterlandes" zu erbringen.[5] Auch an der Windecker Heimatfront taten sich einige Gruppen durch ihren besonderen Einsatz hervor, diese sollen im Folgenden vorgestellt werden.

1. Die Frauenhilfe

In Windecken war im Zusammenhang mit der Einrichtung einer Diakonissenstation im Jahr 1905 auch eine sogenannte „Frauenhilfe" entstanden.[6] Der Verein wurde am 24. September 1905 von zwölf Windecker Frauen gemeinsam mit den beiden Pfarrern gegründet und bald als Zweigverein in den kurhessischen Verband der Frauenhilfe aufgenommen. Vier Jahre später zählte der Verein sechzig Mitglieder.[7]

Die Bedeutung der Frauen nahm im Krieg zu, nicht umsonst wurden sie als „Soldaten der Heimatfront" bezeichnet. Auch das Frauenbild veränderte sich unter

---

[1] WZ Nr. 81, 10. Oktober 1914, S. 4.
[2] WZ Nr. 13, 13. Februar 1915, S. 3; vgl. dazu Tauber, Vom Schützengraben auf den grünen Rasen, S. 85.
[3] Hanauer Anzeiger Nr. 179, 3. August 1914, S. 8.
[4] Es werden explizit Turner und Turnerinnen genannt, ebd.
[5] Ebd.
[6] WZ Nr. 59, 24. Juli 1909, S. 1. Bereits seit 1902 gab es einen Israelitischen Frauenverein in der Stadt; vgl. Kingreen, Jüdisches Landleben, S. 93.
[7] WZ Nr. 59, 24. Juli 1909, S. 1.

dem Einfluss des Krieges. Frauen galten nun nicht mehr, wie in der bürgerlichen Gesellschaft des 19. Jahrhunderts üblich, ausschließlich als „schwaches" und „schutzbedürftiges" Geschlecht.[8] Dazu trugen vor allem die Frauen selbst bei, die sich während der Abwesenheit ihrer Männer zuhause um alle Angelegenheiten kümmerten und mit ihrem Engagement versuchten, zum Kriegserfolg beizutragen.

Wilhelm Scheer berichtete in der Windecker Zeitung regelmäßig über die Rolle der Frauen während des Krieges und die „Frauenmobilmachung".[9] In zahlreichen Artikeln wurden starke Frauen dargestellt, die, angeleitet von der Frauenhilfe, an der Heimatfront für ihre Söhne, Männer, Brüder und Väter einstanden. Die Windecker Frauenhilfe berief bereits am 7. August 1914 eine erste Sitzung ein.[10] Während dieser Versammlung hielt Marie Henß, die Ehefrau des Pfarrers Henß, eine Rede, die Wilhelm Scheer in der Windecker Zeitung des folgenden Tages im Wortlaut abdruckte. Statt „tatenlos nur unserem Schmerze [zu] leben (…), wollen [wir] zeigen, daß wir deutsche Frauen sind, die nicht nur mit betendem Herzen, sondern auch mit helfender Hand hinter ihren Lieben draußen stehen", sagte Marie Henß. Immer wieder fließen Bemerkungen über die „Feinde" ein, so etwa die Beschreibung:

> „Nun aber, nachdem die Falschheit und die Niedertracht unserer Feinde uns zum Kriege gezwungen haben, wollen wir mit vollem Gottvertrauen die Pflichten übernehmen, die Gott uns Frauen in diesem Falle übertragen hat, wir wollen helfen, soviel in unseren Kräften steht, für das Wohl unserer Soldaten zu sorgen."

Dabei wisse sie, dass die Frauen durch die Abwesenheit der Männer „mit landwirtschaftlicher Arbeit" belastet seien, ihnen könne „nicht zugemutet werden, zu ihren Lasten noch andere zu übernehmen". „Aber es sind auch viele unter Ihnen, die helfen können und müssen." Besonders richtete sich die Rede an die unverheirateten „Jungfrauen". Jeder müsse „jetzt seine Schuldigkeit tun", so Marie Henß. So sollten die „Jungfrauen von Windecken" die Zeit, die sie sonst „mit unnützen Tändeleien zugebracht" hätten, „dazu gebrauchen, dem Vaterland zu dienen".[11]

Eine erste größere Geldspende war die Kollekte des sonntäglichen Gottesdienstes. Mit dem Geld, das dem Verein aus eigener Kasse, aus Spenden und der Kollekte zur Verfügung stehe, werde bereits geplant. Vorgesehen war, „daß wir Wolle zu Strümpfen und Stoffe zu Hemden anschaffen und dieses Material an diejenigen verteilen, die gesonnen sind, uns zu helfen". Zu diesem Zweck wer-

---

[8] Davis, Heimatfront, S. 140.
[9] Die „allgemeine Frauenmobilmachung" sollte die Wehrpflicht der Männer ergänzen, so Metropolitan Baumann; WZ Nr. 71, 5. September 1914, S. 1.
[10] WZ Nr. 63, 8. August 1914, S. 3; sowie WZ Nr. 62, 5. August 1914, S. 1.
[11] Rede von Marie Henß am 7. August 1914, WZ Nr. 63, 8. August 1914, S. 4, sowie im vollständigen Wortlaut in: Weihnachtsgruß an Windeckens Krieger 1914, S. 4; Archiv der Evangelischen Kirchengemeinde Windecken.

4 Das Engagement der Vereine, Lehrer und Pfarrer

de eine Sammelstelle eingerichtet, bei der Freiwillige Materialien abholen könnten, um diese zu verarbeiten.[12] Insgesamt kam im ersten Kriegsjahr ein Betrag von 3000 Mark zugunsten der Frauenhilfe zusammen.[13]
Die selbst organisierte Hilfe bestand vor allem in der Produktion von wärmenden Kleidungsstücken für die Soldaten. Doch selbst Handarbeit wurde seinerzeit mit propagandistischen Floskeln belegt, Elke Kohl spricht von einer „Militarisierung des Sockenstrickens". Mit diesen Arbeiten konnten Frauen sich „nützlich" machen; zahlreiche Medien sprachen von der „Mobilmachung an Wolle" oder bezeichneten die Frauen als „Liebesarmee".[14]

Abb. 12: Carl und Marie Henß (Detail einer Postkarte); Archiv der Evangelischen Kirchengemeinde Windecken, aus Privatbesitz überlassen.

Neben der Möglichkeit, sich von zuhause aus zu betätigen, machte die Pfarrersfrau bei ihrer Rede während der ersten Versammlung der Frauenhilfe die Anwesenden auch auf das Engagement des dem lokalen Verband übergeordneten „Vaterländischen Frauenvereins" aufmerksam. „Und wenn demnächst der Vaterländische Frauenverein zu uns kommt und Helferinnen sucht für seine Lazarette, so ist es mein herzlicher Wunsch, daß auch aus Windecken einige junge Mädchen dem Ruf folgen", so Henß.[15] Wieviele Windecker Frauen dieser Aufforderung nachkamen, lässt sich nicht genau ermitteln. Gewiss war im ersten Kriegsjahr die Hilfsbereitschaft sehr groß, im weiteren Verlauf ließ die Bereit-

---

[12] WZ Nr. 63, 8. August 1914, S. 4.
[13] Heimatgruß an Windeckens Krieger zum Beginn des zweiten Kriegsjahres, S. 16; Archiv der Evangelischen Kirchengemeinde Windecken.
[14] Kohl, „Jeder tut was er kann fürs Vaterland", S. 44f.
[15] Rede von Marie Henß am 7. August 1914, WZ Nr. 63, 8. August 1914, S. 4.

schaft der Frauen und Mädchen, sich etwa im Lazarettdienst zu betätigen, offenbar nach. Dabei gab es Unterschiede zwischen den verschiedenen Klassen der Gesellschaft: Nicht viele Frauen konnten es sich über längere Zeit leisten, für einen geringen Lohn in den Lazaretten zu arbeiten und entschieden sich für die wesentlich besser bezahlte Tätigkeit in den Fabriken, in denen großer Arbeitskräftemangel herrschte und Frauen als Ersatz für die abwesenden Männer sehr willkommen waren. Das freiwillige Engagement blieb somit „während des Ersten Weltkriegs – wie schon vor dem Krieg – weitgehend Frauen gutbürgerlicher und adeliger Herkunft überlassen".[16] Wilhelm Scheer beschreibt für Windecken, dass sich „nur die unter uns (…), die schon in Friedenszeiten eine praktische Ausbildung und Anlernung" auf dem Gebiete der „Krankenfürsorge und Verwundetenpflege" erfahren hätten, auch etwas „Ersprießliches leisten können".[17]

Es gab jedoch Aufgaben, die jeder übernehmen konnte: Dazu zählte das Anfertigen von „Pulswärmern oder Stauchen für unsere Soldaten", dies könne auch von Jüngeren übernommen werden, etwa von „Schulmädchen, die doch sicher auch gerne an ihrem Teil etwas beitragen möchten", erklärte Marie Henß in ihrer Rede bei der Versammlung der Frauenhilfe am 7. August 1914.[18] Anfang September lobte Scheer, es sei den Windecker Kindern bereits gelungen, 75 Paar Pulswärmer herzustellen.[19]

Neben Marie Henß engagierten sich zahlreiche weitere Frauen im Verein. Scheers Ehefrau Elisabeth wurde am 12. August 1914 „für die Dauer des gegenwärtigen Zustandes" als zusätzliches Mitglied in den Vorstand der Frauenhilfe gewählt, gemeinsam mit Frau Wolf und Frau Bausch.[20] Auch Pfarrer Baumann notierte in der Pfarrchronik die Aufnahme weiterer Mitglieder in den Vorstand der Frauenhilfe und hob hervor, dass darunter auch „israelitische" gewesen seien.[21] Bei Frau Wolf, die in der Windecker Zeitung namentlich genannt wird, dürfte es sich um Ida Wolf handeln, geboren am 31. Mai 1864 in Klingenberg als Ida Lindheimer.[22] Sie war nicht nur in der Windecker Frauenhilfe und im „Vaterländischen Frauenverein" aktiv, sondern zugleich Vorsitzende des 1902 gegründeten Jüdischen Frauenvereins.[23]

In der Windecker Zeitung wird nicht erwähnt, dass es sich bei einem Teil der neuen Vorstandsmitglieder um Jüdinnen handelte. Da keine Vornamen der Frauen genannt werden, scheint für die Leserschaft auch so eindeutig gewesen zu sein,

---

[16] Schönberger, Mütterliche Heldinnen, S. 110.
[17] WZ Nr. 66, 19. August 1914, S. 1.
[18] Rede von Marie Henß am 7. August 1914, WZ Nr. 63, 8. August 1914, S. 4.
[19] WZ Nr. 71, 5. September 1914, S. 1.
[20] WZ Nr. 65, 15. August 1914, S. 1.
[21] Pfarr-Chronik Windecken, S. 14.
[22] Kingreen, Jüdisches Landleben, S. 220.
[23] Der Israelit. Ein Centralorgan für das orthodoxe Judenthum, 43. Jahrgang, Nr. 9 vom 30. Januar 1902, S. 206; Kingreen, Von geachteten Bürgern zu Verfolgten, S. 85; Kingreen, Jüdisches Landleben, S. 219.

um wen es sich bei den Frauen handelte. So dürfte auch deren Religionszugehörigkeit im Ort bekannt gewesen sein. Dennoch ist die fehlende Erwähnung in der Zeitung ein Indiz dafür, dass es in Windecken während des Krieges im Kontext der Frauenhilfe offenbar keine Bedeutung hatte, welcher Religion jemand angehörte.[24] Das war einige Jahre zuvor noch anders gewesen, denn 1909 hatte die Satzung der Windecker Frauenhilfe es nur evangelischen Frauen gestattet, dem Verein beizutreten.[25]

Die Aufforderungen zum Engagement an der Heimatfront wurden emotional und patriotisch formuliert. Eine Rede von Pfarrer Henß anlässlich einer Versammlung der Frauenhilfe vom 12. August 1914 zitiert Scheer mit den Worten: „wenn der Soldat draußen wisse, daß fürsorgendes Gedenken ihn begleite, und sich seiner Angehörigen daheim annehme, werde er viel getroster, freudiger und erfolgreicher die Waffen führen".[26] Derartige Aussagen sollten den Daheimgebliebenen den Eindruck vermitteln, sie könnten einen Beitrag zum Kriegserfolg leisten und hätten durch ihre Gaben die Möglichkeit, „ihren Dank" an die „braven Soldaten" auszudrücken.[27]

Im September 1914 beschloss die Frauenhilfe, von nun an „öfter und zwar alle acht Tage, jeden Montag abend [sic] im Saale des ‚Goldenen Löwen' zusammenzukommen, um gemeinsam zu arbeiten und Beratungen über das weiter Erforderliche zu pflegen".[28] Außerdem wurden die Ziele des Vereins in Worte gefasst. Es gehe der Frauenhilfe darum, zu helfen:

> „In der Heimat will sie eine Stütze der Zurückgebliebenen sein, für die, die draußen im Felde stehen, will sie sorgen durch den Fleiß ihrer Mitglieder und auch in der Pflege unserer Verwundeten soll sie mithelfen, so viel in ihren Kräften steht."[29]

Diese Ziele habe sich auch die Windecker Zweigstelle vorgenommen. Und so sei den Windecker Frauen schon so manche Leistung zugunsten der Soldaten und Verwundeten gelungen.[30]

Regelmäßig folgten in der Windecker Zeitung weitere Berichte über die Erfolge der örtlichen Frauenhilfe, zudem riefen Scheer in Artikeln und der Verein in

---

[24] Ausführlich befasst sich Monica Kingreen mit dem Ansehen jüdischer Anwohner in Windecken, dabei geht sie auch auf Vereinsangehörige und Teilnehmer des Ersten Weltkriegs ein; Kingreen, Jüdisches Landleben, S. 115–123.
[25] WZ Nr. 59, 24. Juli 1909, S. 1. Betrachtet man die Windecker Vereinskultur insgesamt, so spielte die Religionszugehörigkeit bereits vor dem Krieg nur eine untergeordnete Rolle. Monica Kingreen spricht von einem „selbstverständlichen Umgang von Christen und Juden" in der Kleinstadt; Kingreen, Jüdische Landgemeinden, S. 119.
[26] WZ Nr. 65, 15. August 1914, S. 1.
[27] WZ Nr. 36, 5. Mai 1915, S. 1.
[28] WZ Nr. 71, 5. September 1914, S. 1.
[29] WZ Nr. 76, 23. September 1914, S. 1.
[30] Ebd.

Anzeigen zu weiteren Bemühungen auf. Eine zusätzliche Motivation zur Beteiligung an den Arbeiten der Frauenhilfe lieferte Scheer, indem er Dankesschreiben an den Verein abdruckte.[31] Den Aufruf an „Frauen und Jungfrauen", weitere Pulswärmer anzufertigen, verband Scheer etwa mit dem Hinweis, die selbst gemachten Exemplare würden besser sitzen als gekaufte es könnten, zudem würden Ärzte das Tragen empfehlen.[32] Darüber hinaus trug Scheer zum Erfolg des Vereins nicht zuletzt durch die regelmäßig abgedruckten Hinweise auf die kommenden Sitzungen bei.[33] Diese platzierte Scheer teils in den Bekanntmachungen[34], teils im Anzeigenbereich und teilweise als Hinweis in Artikeln über vorangegangene Treffen der Frauenhilfe.

Das Engagement der Frauenhilfe beschränkte sich nicht darauf, in Handarbeit Gegenstände für die Soldaten herzustellen und Spenden zu sammeln. Darüber hinaus war der Verein bei der Versorgung von Verwundeten aktiv. In der Versammlung der Frauenhilfe vom 3. September 1914 erklärte sich „eine größere Anzahl der Anwesenden" dazu bereit, verwundete Soldaten während des Genesungsprozesses bei sich aufzunehmen.[35] Zum Teil erhielten auch die umliegenden Lazarette regelmäßige Spenden und Liebesgaben.[36] Scheer erklärte, die großen Erfolge im Bereich der Verwundetenfürsorge seien möglich, weil „die hiesige Einwohnerschaft gerade für dieses Feld der Kriegsfürsorge" großen Einsatz zeige.[37]

Im Januar 1915 regte Bürgermeister Schlegel darüber hinaus an, ein eigenes Lazarett in Windecken einzurichten.[38] Es war zwar zunächst unklar, wann der Vorschlag umgesetzt würde, der Ort wurde jedoch schnell gefunden. Das Lazarett solle im Saal der Hochmühle eingerichtet werden.[39] Im Gasthaus zur Hochmühle hatte bereits Anfang Oktober 1914 ein Besuch von Verwundeten aus dem Lazarett in Hanau stattgefunden, den der Bürgermeister und die Windecker Frauenhilfe organisiert hatten. Die Verwundeten hätten sich diesen Besuch in der Stadt gewünscht, „weil ihnen von dort schon so viel Gutes erwiesen worden sei", schrieb die Windecker Zeitung.[40] Bürgermeister Schlegel erwartete die Gäste am Wartbaum, einer Sommerlinde, die seit Jahrhunderten direkt vor den Stadtgrenzen Windeckens steht.[41] Von dort aus zogen die Krieger „mit Gesang" durch die

---

[31] Dankesschreiben aus Lötzen an die Windecker Frauenhilfe, WZ Nr. 29, 10. April 1915, S. 1; Gedicht zum „Dank der blauen Jungens v. S. M. S. Brandenburg", WZ Nr. 14, 17. Februar 1915, S. 1.
[32] WZ Nr. 68, 26. August 1914, S. 3.
[33] Beispielsweise: WZ Nr. 62, 5. August 1914, S. 1; Nr. 70, 2. September 1914, S. 1.
[34] WZ Nr. 64, 12. August 1914, S. 1.
[35] WZ Nr. 71, 5. September 1914, S. 1.
[36] Pfarr-Chronik Windecken, S. 14; siehe auch WZ Nr. 81, 10. Oktober 1914, S. 4.
[37] WZ Nr. 19, 6. März 1915, S. 1.
[38] WZ Nr. 3, 9. Januar 1915, S. 1.
[39] Ebd.
[40] WZ Nr. 81, 10. Oktober 1914, S. 1.
[41] Der Wartbaum steht am Rande Windeckens auf einer Anhöhe. Die erste urkundliche Erwähnung des Baumes stammt aus dem Jahr 1608. Pfarrer Carl Henß verfasste 1909

Stadt, dabei wurden sie „überall von Jung und Alt freudig begrüßt". Während ihres Aufenthalts wurden die Gäste von jungen Frauen mit Rosen beschenkt und im Gasthaus zur Hochmühle großzügig bewirtet. Bürgermeister Schlegel hielt eine patriotische Rede, anschließend wurde gemeinsam die Nationalhymne gesungen. Stellvertretend für die Frauenhilfe begrüßte Marie Henß die Verwundeten. Sie erklärte mit „ergreifenden Worten", dass die Windecker „Frauen und Mädchen es als ihre höchste Pflicht ansehen, für die Verwundeten sowie die im Felde stehenden Krieger zu sorgen". Sie sagte den anwesenden Kriegern zu, die Windeckerinnen würden sie in ihre Gebete mit einschließen, sollten sie an die Front zurückkehren müssen. Im Anschluss an den Besuch richtete sich Bürgermeister Schlegel in der Windecker Zeitung an alle Beteiligten, denen er seinen Dank aussprach.[42]

Es blieb nicht bei dem einen Treffen, und auch über die weiteren Besuche berichtete die Windecker Zeitung.[43] Ein Verwundetenbesuch am 5. November 1914 wurde besonders aufwändig vorbereitet. Diesmal wurde eine exklusive Vorstellung des Theaterstücks „Hessentreue" für die Verwundeten der umliegenden Lazarette ausgerichtet.[44]

Weitere Bemühungen der Frauenhilfe galten „frierenden Kindern und deren Eltern, die nur das nackte Leben retten konnten". Um ihnen zu helfen, folgte die Windecker Kriegsfrauenhilfe einem Aufruf der Oberin des Diakonissen-Oberhauses in Ostpreußen und inserierte Mitte Januar ein Gesuch um „wärmende Kleidung".[45] Abgelegte Kleidung sei ebenso willkommen wie Arbeitsmaterialien.

Zumeist stehen die Frauen im Mittelpunkt, wenn das gesellschaftliche Engagement an der Heimatfront thematisiert wird, der männliche Teil der Heimatfront wird nur selten in den Blick genommen. Männer, die den Krieg – unabhängig aus welchen Gründen – in der Heimat zubrachten, wurden oft als „Drückeberger" betrachtet. Diese Ansicht, so Elke Koch, habe sich nach Kriegsende weiter verbreitet. Beim Versuch die Schuldigen für die deutsche Niederlage auszumachen, sei schnell die Heimatfront ins Blickfeld geraten und dabei auch die Männer, die nicht in den Krieg gezogen waren. Es habe in dieser Situation wenig geholfen, auf das „vaterländische" Engagement von Männern im Inland aufmerksam zu machen.[46]

---

eine kurze Abhandlung über „das Wartbäumchen bei Windecken", die zunächst in der Windecker Zeitung (ab WZ Nr. 41, 22. Mai 1909) erschien und anschließend – wahrscheinlich aufgrund des großen Interesses an der Abhandlung – als Heft im Verlag der Windecker Zeitung erschien.

[42] WZ Nr. 81, 10. Oktober 1914, S. 1.
[43] Vom fünften Besuch berichtete Scheer im Dezember 1914, WZ Nr. 96, 5. Dezember 1914, S. 4. Eine ausführliche Zusammenfassung der Ereignisse verfasste Pfarrer Henß für den „Neujahrsgruß für Windeckens Krieger", S. 3–5.
[44] WZ Nr. 88, 4. November 1914, S. 1.
[45] WZ Nr. 4, 13. Januar 1915, S. 4.
[46] Koch, „Jeder tut was er kann fürs Vaterland", S. 42–44.

Tatsächlich beteiligten sich durchaus viele Männer an den Hilfsmaßnahmen. In Windecken zeigten sich die Männer sehr engagiert und beschränkten sich dabei nicht auf eine Beteiligung am Kriegerverein: Auch in der Frauenhilfe waren viele männliche Windecker aktiv. Ein Beispiel hierfür ist die Aktion zugunsten der „Zurückgebliebenen unserer Soldaten", die auf Initiative von Pfarrer Henß parallel zu der „Hilfsaktion für die Krieger draußen" ins Leben gerufen wurde.[47] Die Idee hatte Henß aus anderen Gemeinden übernommen. Der eigens gegründete „Ausschuß zur Entgegennahme von Mitteln für die unterstützungsbedürftigen Angehörigen im Felde stehender Krieger" war in Männerhand. Als Mitglieder werden neben Metropolitan Baumann, Pfarrer Henß und Bürgermeister Schlegel genannt: Dauth, B. Fuß, Kirchenältester Schmidt, Präsenzer Schneider, W. H. Wieder und R. Wolf.[48]

2. Der Obstbauverein

Der Windecker Obstbauverein wurde ebenfalls schon kurz nach Kriegsbeginn aktiv, um Hilfsmaßnahmen einzuleiten. Ende August kündigte der Verein in der Windecker Zeitung seine Absicht an, nach dem Vorbild anderer Gemeinden eine Verwertungsstation für Obst und Gemüse ins Leben zu rufen. Um die Details zu besprechen, wurde zu einem Treffen eingeladen, an dem jedermann teilnehmen konnte.[49] Dieser Aufruf war sehr erfolgreich, denn zu der Besprechung erschienen „über 80 Personen", wie die Windecker Zeitung berichtete. Es wurde beschlossen, eine Verwertungsstation zu gründen, deren Ziel es war, „1000 Büchsen eingekochtes Obst und Gemüse an die im Feld stehenden Soldaten des 18. Armeekorps zu senden".[50] Bei dieser Einheit waren zahlreiche Soldaten aus Windecken und der Region eingesetzt. Obst und Gemüse konnten in der Einkochstation abgegeben werden, wo die Nahrungsmittel haltbar gemacht, verpackt und anschließend als Teil von „Liebesgaben" an die Soldaten verschickt wurden.

Am 5. September 1914 berichtete die Windecker Zeitung, „die Obst- und Gemüse-Einkochstation im Saale zur ‚Hochmühle'" habe „schon ein gut Teil Arbeit geleistet". So seien „durch reichliche Gaben" der Anwohner „bereits über 700 Büchsen mit Inhalt versehen worden". Der Erfolg dieser Einkochstation war so groß, dass Scheer sogar erwartete, dass sich die Nachbargemeinden an dieser Aktion beteiligen würden.[51]

Zum Weihnachtsfest 1914 wurde dem „schon länger gehegten Wunsch" entsprochen, dem Reserveinfanterieregiment 88, dem zahlreiche Windecker Soldaten angehörten[52],

---

[47] WZ Nr. 63, 8. August 1914, S. 1.
[48] WZ Nr. 65, 15. August 1914, S. 1.
[49] WZ Nr. 68, 26. August 1914, S. 1.
[50] WZ Nr. 69, 29. August 1914, S. 1.
[51] WZ Nr. 71, 5. September 1914, S. 1.
[52] Vgl. Listen der Windecker Krieger im Weihnachtsgruß 1914, Neujahrsgruß 1915 oder in der Windecker Zeitung: WZ Nr. 4, 13. Januar 1915, S. 1.

4 Das Engagement der Vereine, Lehrer und Pfarrer   109

„eine Freude zu bereiten".[53] Im Januar 1915 berichtete Scheer in der Windecker Zeitung, die Sendung mit 764 Büchsen eingemachtem Obst und 80 Weihnachtsbäumen sei rechtzeitig zum Fest angekommen und habe den Soldaten eine „besondere Freude" bereitet. Alle Gaben waren mit der Aufschrift „Stadt Windecken" ausgestattet worden. Die „zahlreichen" Dankesbriefe der Soldaten wurden in der Folge in der Windecker Zeitung veröffentlicht.[54] Diese Briefe geben Aufschluss über das Weihnachtsfest der Soldaten an der Front, die 7. Kompanie des Reserveinfanterieregiments 88 feierte beispielsweise im französischen Ternay in einer Kirche.[55] Besonders die eingemachten Früchte stießen bei den Soldaten auf große Freude.[56] In einem Brief, den ein Soldat zum Dank für die Gaben an Bürgermeister Schlegel schrieb, wurde die Verwunderung seiner Kameraden „über die große Freigiebigkeit unseres kleinen Heimatstädtchens" beschrieben.[57]

3. Der Kriegerverein

Im Gegensatz zur Windecker Frauenhilfe und dem Obstbauverein wird über den Kriegerverein in der Windecker Zeitung viel seltener berichtet. Nach Kriegsausbruch ist der erste Hinweis auf den Verein eine Einladung zur Versammlung am 5. September 1914, die in der vorangehenden Ausgabe der Zeitung im Anzeigenbereich abgedruckt wurde. Die Ankündigungen der Versammlungen der Frauenhilfe wurden weitaus prominenter auf den ersten Seiten der Zeitung publiziert. Außerdem wurde im Nachhinein häufig über die Ergebnisse berichtet, dies ist beim Kriegerverein nicht der Fall. Es ist sogar anzunehmen, dass der Verein für die Publikation des Inserats Geld bezahlen musste, da dieses sich im Anzeigenteil befand. Ein weiterer Unterschied besteht in der Form der Einladung: Während sich die Frauenhilfe bereits zu Kriegsbeginn an alle Interessierten richtete, wird in der Einladung des Kriegervereins formuliert, „zahlreiches Erscheinen der Mitglieder ist erwünscht".[58]

Im Dezember 1914 lud der Kriegerverein in der Windecker Zeitung zur Generalversammlung ein. Einer der Tagesordnungspunkte war die „Aufnahme von neuen Mitgliedern"[59]; während des Krieges dürfte das Interesse an dem Verein und damit dessen Mitgliederzahl gestiegen sein. Einen weiteren Teil der Veranstaltung bildete der Vortrag des Lehrers Schmidt, der den Titel „Der deutsche Gedanke in der Welt" trug. In diesem Vortrag führte Schmidt aus, England sei „seit jeher unser heimlicher Feind" gewesen.[60]

---

53 WZ Nr. 4, 13. Januar 1915, S. 1.
54 Ebd.
55 WZ Nr. 7, 23. Januar 1915, S. 1.
56 Ebd.
57 Ebd., S. 4.
58 WZ Nr. 70, 2. September 1914, S. 4.
59 „Anzeigen", WZ Nr. 95, 2. Dezember 1914, S. 4.
60 WZ Nr. 97, 9. Dezember 1914, S. 1.

Darüber hinaus trug der Kriegerverein mit Gesang zur Gestaltung der Windecker Kriegsbetstunden und der Gedächtnisfeiern für gefallene Soldaten bei.[61] Ein Beispiel dafür ist die Gedächtnisfeier für den in Windecken geborenen Karl Reinheimer, der im Krieg gefallen war. Bei dieser Veranstaltung trugen die Mitglieder des Kriegervereins gemeinsam mit der „Freien Sängervereinigung" einen „erhebenden Grabgesang" vor.[62]

Über eine Beteiligung des Kriegervereins an den vielfältigen Spenden- und Sammelaktionen, wie sie für die Frauenhilfe typisch waren, wurde in der Windecker Zeitung nicht berichtet. Deshalb ist davon auszugehen, dass der Kriegerverein sich auf die sogenannte „geistige Mobilmachung" der Bevölkerung und auf die Mitgestaltung von Gedenk- und Trauerfeiern konzentrierte.

4. Die Lehrer

Im Krieg galt es, auch den Kindern die Propaganda der Regierung zu vermitteln. Diese Aufgabe kam den Lehrern zu. Eigens entwickelte Unterrichtsmaterialien sowie Aufgabenstellungen, die sich mit dem Krieg befassten – etwa als Aufsatzthema für die Schüler – wurden schnell zum Alltag an deutschen Schulen. Neben patriotischen Inhalten wurden im Unterricht während des Krieges auch praktische Probleme wie die „Ernährungsschwierigkeiten" behandelt. Die Lehrer sollten, so eine in der Windecker Zeitung verbreitete Forderung, die Schüler lehren, nutzbare Pflanzen in der Natur zu erkennen. Bisher würden die Menschen den zahlreichen Möglichkeiten keine Aufmerksamkeit schenken, die ihnen durch die Natur geboten würden, es fehle aber lediglich die Fähigkeit, diese zu erkennen. Daher gelte es, „diesen Schatz an Pilzen, Gräsern, Kräutern und ihren (…) Nährwert der Volkswirtschaft nützlich zu machen". Es sollte den Lehrern zur Pflicht gemacht werden, ihren Schülern beizubringen, die Pflanzen zu erkennen, die „in der Kriegsnot" nützlich für die Ernährung sein könnten.[63]

Nach einem Erlass des Kultusministers, den Wilhelm Scheer aus dem „Berliner Staatsanzeiger" entnahm und in der Windecker Zeitung veröffentlichte, kamen den Lehrern, die (noch) keinen Kriegsdienst leisteten, „gesteigerte Pflichten" zu. Durch den Krieg müssten viele Jugendliche „der erziehlichen Leitung des Familienvaters entbehren", und „in zahlreichen Fällen" sei „auch die Einwirkung der Mutter durch vermehrte Sorge um den Unterhalt der Familien beeinträchtigt". Daraus ergebe sich die „dringende vaterländische Pflicht" für den Stand der Lehrer, hier einzuwirken, um die „Aufrechterhaltung ernster Zucht unter der Jugend" sowohl in als auch fern der Schule zu gewährleisten und die Lücken auszufüllen, die durch die Abwesenheit der Väter entstünden.[64]

---

[61] Pfarr-Chronik Windecken, S. 15.
[62] WZ Nr. 79, 3. Oktober 1914, S. 4.
[63] WZ Nr. 38, 12. Mai 1915, S. 3.
[64] WZ Nr. 64, 12. August 1914, S. 1.

4 Das Engagement der Vereine, Lehrer und Pfarrer

Tatsächlich erwies sich die Jugend schnell als Sorgenkind der Heimatfront. Die Problematik beschreiben auch Hirschfeld und Krumeich, die sich auf Zeitungsberichte und Gerichtsurteile beziehen, um zu belegen, dass die Kriminalität insbesondere männlicher Jugendlicher nach Kriegsbeginn erheblich zunahm. So zeigten die Kriminalstatistiken zwischen 1914 und 1918, dass die Verurteilungen von Jugendlichen sich im Vergleich zum Vorkriegszustand verdoppelten. Eine besonders große Rolle spielte dabei die sogenannte Beschaffungskriminalität. Scheers Zeitungsbericht, der Lehrer an ihre Pflichten erinnern sollte, passt insofern zu den Beschreibungen von Hirschfeld und Krumeich, die berichten, in Zeitungen hätten sich Beschwerden über „verwahrloste Jugendliche" gehäuft. Auch die Beteiligung der Jugend „am illegalen Schleichhandel", also am Schwarzmarkt, habe vermehrt eine Rolle gespielt.[65]

Die Bemühungen von Seiten der Regierung und der Schulen, die jungen Leute unter Kontrolle zu bekommen und an ihre „vaterländischen Pflichten" zu erinnern, waren zwar anfangs teils von Erfolg gekrönt, verloren aber im Kriegsverlauf mehr und mehr an Wirkung. Eine Maßnahme war es, die Schüler an landwirtschaftlichen Arbeiten zu beteiligen, jedoch wurde dies zu Beginn des Krieges nicht gerne gesehen, da diese Aufgaben lieber an Arbeitslose vergeben werden sollten. Die Lehrer sollten daher andere Wege finden, sich ihrer Schützlinge anzunehmen – denn die Mütter, so das vernichtende Urteil, hätten häufig die Kontrolle über ihre Kinder, speziell über ihre Söhne, verloren.[66]

Um die Jugendlichen zu beschäftigen, wurden sie dazu aufgerufen, sich an eigens eingerichteten Gruppen und Hilfsdiensten zu beteiligen. Durch den Jungdeutschland-Bund, der reichsweite Untergruppen hatte, wurde beispielsweise eine Wehrerziehung der deutschen Jugend angestrebt.[67] Die Teilnahme an den Gruppen ermöglichte den jungen Männern „vom 16. Lebensjahre aufwärts" einen „unmittelbaren" Einstieg in den Kriegsdienst.[68]

Lehrer genossen in der Gesellschaft zu Beginn des 20. Jahrhunderts ein besonderes Ansehen. Viele von ihnen beschränkten ihre Tätigkeit nicht auf den Schulunterricht, sondern engagierten sich darüber hinaus in der Gesellschaft. Im Krieg unterstützten viele Lehrer die Propaganda, wie das oben angeführte Beispiel des Windecker Lehrers Schmidt zeigt. Auch die Lehrerin „Fräulein Konitz" engagierte sich abseits des Unterrichts. Sie beteiligte sich an der Gestaltung des Besuchs von Verwundeten aus Lazaretten der Region in Windecken. Ihr Beitrag zum Besuch am 12. November 1914 bestand darin, gemeinsam mit Toni Speier und Frau Apotheker Rapp die Gäste mit Gesang zu unterhalten. Außerdem leitete Fräulein Konitz einen Chor aus Schülern, der „mehrere schöne Vaterlandslieder" vortrug und ein „Hoch auf unsere Krieger" ausrief.[69] Ihr Kollege, Lehrer Rake,

---

[65] Hirschfeld/Krumeich, Deutschland im Ersten Weltkrieg, S. 134.
[66] Ebd.
[67] Nieß/Rings, Der Krieg, S. 107.
[68] WZ Nr. 72, 9. September 1914, S. 4.
[69] WZ Nr. 92, 21. November 1914, S. 4.

leitete den Kirchenchor bei verschiedenen Gelegenheiten, darunter der Weihnachtsfeier der Frauenhilfe.[70]

Zahlreiche Lehrer wurden selbst zum Heeresdienst einberufen. Allein aus Hessen befand sich im April 1915 knapp ein Drittel des Berufsstandes an der Front. Insgesamt würden gerade 960 hessische Lehrer als Soldaten eingesetzt, wie Scheer in der Windecker Zeitung angab.[71] Wenig später gab Scheer bekannt, es seien bisher 3343 deutsche Lehrer im Krieg gestorben.[72] Damit sollte das vorbildliche Verhalten dieses Berufsstandes im Dienst für das Vaterland gewürdigt werden.

5. Die Pfarrer

Die überwiegend evangelische Stadt Windecken besaß mit Metropolitan Baumann und Pfarrer Henß gleich zwei sehr aktive evangelische Pfarrer. Baumann war seit 1895 Metropolitan der Klasse Windecken.[73] Henß war ab 1886 in der Stadt tätig. Beide Pfarrer waren miteinander verschwägert: Am 22. November 1878 hatte Henß Marie, die Tochter Baumanns, geheiratet.[74]

Gefordert waren die Pfarrer über den gesamten Krieg hinweg. Das setzte bereits mit dessen Ausbruch ein. So organisierten Henß und Baumann Anfang August 1914 kurzfristig mehrere Abschiedsfeiern für die ausziehenden Soldaten, die großen Zuspruch fanden.

Schon bald entstand die sogenannte „Kriegsfrömmigkeit". Das Bedürfnis nach Seelsorgern wuchs, viele Soldaten legten, teils angeregt durch ihre Pfarrer, die Beichte ab. Später strömten vor allem die Ehefrauen, Mütter und Kinder in die Kirchen, wo sie für ihre Angehörigen und einen baldigen – und vor allem glücklichen – Kriegsausgang beteten.[75] Dabei handelte es sich keineswegs um ein evangelisches Phänomen, den gleichen Ansturm erlebten auch die Kirchen anderer Konfessionen, wie Nübel etwa für das katholische Münster darlegt.[76]

Neben ihrem Engagement bei der Frauenhilfe, bei deren Versammlungen sowohl Pfarrer Henß als auch Metropolitan Baumann regelmäßig zugegen waren, Reden hielten, predigten und Lieder anstimmten, waren beide in ihren Gemeinden sehr aktiv. Die von Katja Alt beschriebenen Kriegsbetstunden[77] wurden bald

---

[70] Neujahrsgruß an Windeckens Krieger 1915, S. 6; Archiv der Evangelischen Kirchengemeinde Windecken.
[71] WZ Nr. 30, 14. April 1915, S. 1.
[72] WZ Nr. 33, 24. April 1915, S. 1.
[73] Erichsen-Wendt, „In derselben Gegend auf dem Felde", S. 111.
[74] Eheurkunde Carl und Marie Henß (Blatt 9/1878), Standesamt Windecken, Heiratsnebenregister 1898, HStA Marburg, Best. 913, Nr. 7555; vgl. Eichler (Hrsg.), Das ehemalige Reformierte und Erste Pfarrhaus in Windecken, S. 156.
[75] Ziemann, Front und Heimat, S. 50.
[76] Nübel, Die Mobilisierung, S. 90f.
[77] Alt, Kriegsalltag, S. 22.

4 Das Engagement der Vereine, Lehrer und Pfarrer 113

auch in Windecken eingeführt und fanden dort ab Anfang August 1914 an Sonntagen statt. Diese zusätzlich zum regulären Gottesdienst abgehaltenen religiösen Veranstaltungen waren „anfangs gut, später weniger besucht", wie Baumann in der Pfarrchronik notierte.[78] Der Kriegerverein und der Kirchenchor beteiligten sich mit Gesang an ihrer Ausrichtung. Später erhielten Henß und Baumann weitere Unterstützung durch den Prediger Franz bei der Ausrichtung der Kriegsbetstunden.[79] In der Windecker Zeitung wurden nicht nur die Termine der Kriegsbetstunden veröffentlicht, sondern auch angegeben, welcher Prediger sie hielt.[80]

Die Pfarrer versuchten vielerorts in ihren Gemeinden, „eine optimistischere und vor allem opferfreudige Einstellung zu erzeugen".[81] Dafür nutzten sie Gottesdienste und die dort gehaltenen Predigten. Hinzu kamen Gedächtnisfeiern für die Gefallenen. Die entsprechenden Termine publizierte Wilhelm Scheer in seiner Zeitung und trug damit dazu bei, dass diese gut besucht wurden. Scheer teilte seinen Lesern auch mit, wenn Termine oder Uhrzeiten geändert wurden oder ausfielen.[82]

Pfarrer Baumann beschreibt, dass nach einiger Zeit Nachrichten von verwundeten Windeckern, Vermissten und auch Gefallenen in der Gemeinde eintrafen. Neben der seelsorgerischen Tätigkeit der Geistlichen waren sie von diesem Moment an zusätzlich gefragt, denn „die Familien mehrten sich, in denen der Schmerz, das Leid, die Sorge einkehrte".[83] Die Pfarrer bereiteten Gedächtnisgottesdienste vor, die vom Kirchenchor mit Gesang begleitet wurden.[84] In dem von ihm und seinem Kollegen Henß verfassten „Heimatgruß an Windeckens Krieger zum Weihnachtsfest 1915" beschreibt der Metropolitan die Gedächtnisfeiern für gefallene Mitbürger näher. So habe die Gemeinde zunächst „Erfahrungen machen müssen" in Bezug auf die „Ausgestaltung" und die Terminierung der Gedächtnisfeiern. Ein Aspekt sei jedoch von Beginn an gleichgeblieben: Stets sei der „Gedächtnisrede" eine Liturgie vorangegangen, „die auf den Ernst des Todes hinwies und Trost aus Gottes Wort darbot". Nach unterschiedlichen Versuchen in der Frühe und am Abend habe sich als Zeitpunkt für Gedächtnisfeiern der Sonntagabend als „die geeignetste Zeit" herauskristallisiert.[85]

Gemeinsam stellten Baumann und Henß in Winter 1914 den „Weihnachtsgruß für Windeckens Krieger" zusammen, für dessen Druck Scheer verantwortlich

---

[78] Pfarr-Chronik Windecken, S. 14.
[79] WZ Nr. 13, 13. Februar 1915, S. 4.
[80] Ebd.
[81] Alt, Kriegsalltag. S. 22.
[82] WZ Nr. 85, 24. Oktober 1914, S. 1.
[83] Pfarr-Chronik Windecken, S. 15.
[84] WZ Nr. 15, 20. Februar 1915, S. 4.
[85] Heimatgruß für Windeckens Krieger zum Weihnachtsfest 1915, S. 11f.; Archiv der Evangelischen Kirchengemeinde Windecken.

war.[86] Es folgten kurz darauf der Neujahrsgruß, später ein Gruß zum ersten Jahrestag des Krieges und ein erneuter Weihnachtsgruß im Jahr 1915.

Metropolitan Baumann und Pfarrer Henß waren auch persönlich vom Krieg betroffen. Der Sohn Baumanns und Schwager von Henß, Dr. W. Baumann, kämpfte als Reserveleutnant im Infanterieregiment 166 und wurde mit dem Eisernen Kreuz ausgezeichnet. Er fiel im März 1915.[87] Im April richtete der Windecker Kriegerverein am zweiten Ostertag eine Gedächtnisfeier für ihn aus.[88]

In der Windecker Zeitung hatte Pfarrer Henß bereits vor dem Kriegsausbruch einige Texte veröffentlicht. Ende Juli 1915 schrieb Henß einen Artikel mit dem Titel „Bis hieher [sic] hat der Herr geholfen!" Der Text befasste sich mit allen möglichen Problemen, die der Krieg den Deutschen auferlegt habe, die aber mit der Hilfe Gottes überwunden worden seien. Die Ernte habe im vergangenen Jahr ausgereicht, und es würden sogar noch Vorräte daraus für kommende Zeiten zur Verfügung stehen. Zudem enthielt der Text religiöse Anspielungen und Vergleiche mit Bibelstellen über das Volk Israel und weitere aufmunternde Worte, die versprachen: „Gott verläßt keinen Deutschen!"[89]

---

[86] Weihnachtsgruß an Windeckens Krieger, Dezember 1914; Archiv der Evangelischen Kirchengemeinde Windecken.
[87] WZ Nr. 20, 10. März 1915, S. 4.
[88] WZ Nr. 27, 3. April 1915, S. 4.
[89] WZ Nr. 61, 31. Juli 1915, S. 1.

Nachwort

In meiner Masterarbeit konnte ich die Leidenschaft für die Geschichte mit meiner Neigung zum Journalismus verbinden, indem ich eine lokale Zeitung in einer aufregenden historischen Situation untersuchte. Auf das Thema hat mich Herr Professor Jürgen Müller aufmerksam gemacht, der mich im zweiten Semester meines Studiums für die Erforschung der Lokalgeschichte begeisterte und den Kontakt nach Nidderau beziehungsweise Windecken herstellte. Ich danke ihm herzlich für die kompetente Betreuung, ebenso danke ich Herrn Professor Andreas Fahrmeir für die Übernahme des Zweitgutachtens.

Darüber hinaus möchte ich mich bei Sylvia Buschmann bedanken, die für das Nidderauer Stadtarchiv zuständig ist und mir bei jedem Besuch und jeder Frage aufs Neue dabei half, mich dort zurechtzufinden. Mein Dank gilt ferner Silvia Herrmann und den Heimatfreunden Windecken, die mir stets mit Rat und Tat zur Seite standen. Unverzichtbar war auch die Unterstützung von Frau Pfarrerin Heike Käppeler, die mir den Zugang zum Pfarreiarchiv gewährte.

Mein besonderer Dank gilt Eva Scheer, der Enkelin des Zeitungsmachers Wilhelm Scheer. Sie erzählte mir aus der Familiengeschichte und stellte mir das Stammbuch und Fotos ihrer Familie zur Verfügung. Ich erhielt dadurch wertvolle Informationen, darüber hinaus lernte ich eine interessante Gesprächspartnerin kennen, der ich im Frühjahr 2018 sogar Windecken zeigen durfte, den Ort, an dem ihr Großvater seinerzeit die Windecker Zeitung produzierte.

Weitere Personen, denen ich zu Dank verpflichtet bin, sind die Mitarbeiterinnen und Mitarbeiter des Stadtarchivs Luckenwalde, der Marburger Universitätsbibliothek, des Hessischen Staatsarchivs Marburg sowie des Standesamts in Hanau.

Mein persönlicher Dank gilt darüber hinaus meiner Familie: besonders meinem Mann Philipp und meinen Geschwistern Corinna, Konrad und Julia Heßler. Sie halfen mir beim Korrekturlesen, gaben mir Anregungen und Ratschläge und schickten mir motivierende Post.

Quellen- und Literaturverzeichnis

1. Vorbemerkung

Die zentrale Quelle dieser Arbeit bildet die Windecker Zeitung, die bislang noch nicht umfassend ausgewertet wurde. Ein nahezu vollständiges Exemplar des Lokalblattes, das von 1908 bis 1915 erschien, ist im Stadtarchiv Nidderau erhalten. Es fehlen nur wenige Ausgaben, darunter die beiden ersten Nummern der Zeitung. Eine zweite – noch umfassendere, aber ebenfalls nicht ganz vollständige – Ausgabe der Windecker Zeitung liegt in der Universitätsbibliothek Marburg vor. Dort werden darüber hinaus besonders für die ersten Jahre zahlreiche Beilagen der Zeitung aufbewahrt, sodass auch Rückschlüsse auf deren Inhalte und den Aufbau möglich sind. Im Stadtarchiv Nidderau sind diese Beilagen nur vereinzelt erhalten. Einige Ausgaben der Windecker Zeitung befinden sich offenbar in Privatbesitz, doch ist es wohl auszuschließen, dass neben den beiden Archivierungen in Nidderau und Marburg noch ein weiteres, nahezu vollständiges Exemplar der Zeitung erhalten ist. Das macht die Windecker Zeitung zu einer sehr seltenen und deshalb äußerst wertvollen Quelle sowohl für die Windecker Stadtgeschichte im Allgemeinen als auch speziell im Hinblick auf die Auswirkungen des Ersten Weltkriegs auf die kleinstädtische Bevölkerung. Die in Nidderau und Marburg erhaltenen Exemplare der Windecker Zeitung sind überwiegend in gutem Zustand. Das Format der Zeitungen ist etwas größer als DIN A3. Für die Archivierung wurden die Ausgaben in Jahrgängen zusammengefasst und gebunden. Einige dieser Bände weisen leichte Stockflecken auf, einzelne Ausgaben haben kleine Risse oder Lichtflecken. Eine Digitalisierung wäre deshalb angebracht, um die Windecker Zeitung nachhaltig zu bewahren.

2. Quellen

2.1 Dokumente in Privatbesitz

Eva Scheer, Luckenwalde
    Stammbuch der Familie Scheer
    Kopie des Bauscheins für das Wohnhaus „Haag 1a" in Luckenwalde
    Fotos der Familie
    Postkarten der Stadt Windecken

2.2 Dokumente in Archiven und Bibliotheken

Hessisches Staatsarchiv Darmstadt
    Bestand H 3 Darmstadt Nr. 77330 (1946), Meldeblatt für die polizeiliche Registrierung und die Ausstellung einer deutschen Kennkarte für Rudolf Oswald
    Bestand H 3 Darmstadt Nr. 72355 (1946), Meldeblatt für die polizeiliche Registrierung und die Ausstellung einer deutschen Kennkarte für Wilhelm Petermann

Universitätsbibliothek Frankfurt
Der Israelit. Ein Centralorgan für das orthodoxe Judenthum, 43. Jahrgang, Nr. 9 vom 30. Januar 5662 (1902)

Standesamt Hanau
Geburtsurkunde Ludwig Wilhelm Scheer, Geburtenregister der Stadt Hanau 1908, Nr. 195, S. 195

Stadtarchiv Luckenwalde
Geburtsurkunde 263 / 3. Juli 1878: Wilhelm Scheer
Sterbeurkunde 176 / 22. Mai 1937: Wilhelm Scheer

Hessisches Staatsarchiv Marburg
Kat. III Nr. 1702: Gebäudesteuerrolle Windecken 1910
Best. 901, Nr. 734, Standesamt Darmstadt, Geburtsnebenregister 1906, Eintrags-Nr. 1–860, Nr. 1055: Geburtsurkunde Hans Wilhelm Hermann Scheer

Universitätsbibliothek Marburg
Illustriertes Sonntags-Blatt. Beilage zur Windecker Zeitung, Jg. 1912
Windecker Zeitung 1908, Ausgaben 1 und 2, sowie Beilagen zur Windecker Zeitung

Stadtarchiv Nidderau
Windecker Zeitung, Jahrgänge 1908–1915, ab Ausgabe 3/1908.
Ehrenchronik unserer Gemeinde. Weltkrieg 1914–1918

Archiv der Evangelischen Kirchengemeinde Windecken
Pfarr-Chronik für Windecken 1905 bis Mai 1968. Angelegt von Pfarrer Baumann
Kirchliches Trauregister der Gemeinde Windecken: Trauungsbuch 26.11.1882 bis 31.12.1925
Verzeichnis der Verstorbenen und Beigesetzten der Stadt Windecken: Totenbuch 1868–1914.

2.3 Gedruckte Quellen

Ahrens, *Claus* u. a. (Red.), Oldenburg 1914–1918. Ein Quellenband zur Alltags-, Sozial-, Militär und Mentalitätsgeschichte der Stadt Oldenburg im Ersten Weltkrieg. (Veröffentlichungen des Stadtarchivs Oldenburg, Bd. 7.) Oldenburg 2014.
Amtliche Kriegs-Depeschen nach Berichten des Wolff'schen Telegr. Bureaus. Bd. 1: 1. August 1914 bis 31. Januar 1915. Berlin 1915.
Castendyck, *Karl Wilhelm*, Kriegschronik der evangelischen Pfarrei Eichen-Erbstadt 1914–1918. Hrsg. v. Jürgen Müller unter Mitwirkung v. Katja Alt u. Friederike Erichsen-Wendt. (Quellen und Forschungen zur hessischen Geschichte, Bd. 176.) Darmstadt/Marburg 2017.

2.4 Onlinequellen

Hessisches Bibliotheksinformationssystem (HEBIS)
  Der Blick auf den Krieg – Hessische Regionalzeitungen aus der Zeit des Ersten Weltkrieges, http://sammlungen.hebis.de/1914
  Benutzt wurden die Digitalisate der folgenden Zeitungen:
  Bergsträßer Bote
  Biebricher Tagespost
  Darmstädter Tagblatt
  Frankfurter Zeitung und Intelligenzblatt
  Fuldaer Zeitung
  Gießener Anzeiger
  Hanauer Anzeiger
  Illustriertes Sonntagsblatt, Beilage zum Wochenblatt für Zschopau und Umgebung
  Illustriertes Sonntagsblatt, Beilage zur Brockauer Zeitung
  Illustriertes Sonntagsblatt, Beilage zur Greifswalder Zeitung
  Illustriertes Sonntagsblatt, Beilage zur Deutsch-Ostafrikanischen Zeitung
  Landskrone. Oppenheimer Kreisblatt. Amtliches Anzeigeblatt für die Bekanntmachungen Großh. Kreisamts, des Großh. Amtsgerichts und anderer Behörden
  Oberhessische Volkszeitung
  Oberhessische Zeitung mit dem Kreisblatt für die Kreise Marburg und Kirchhain
  Oberurseler Bürgerfreund. Allgemeiner Anzeiger für Oberursel u. Umgegend. Amtl. Verständigung-Organ der Stadt Oberursel
  Rheingauer Anzeiger
  Rheingauer Bote
  Sossenheimer Zeitung. Amtliches Bekanntmachungsblatt für die Gemeinde Sossenheim
  Taunus-Zeitung. Offizielles Organ der Behörden des Amtsgerichts Königstein
  Weilburger Anzeiger. Kreisblatt für den Oberlahnkreis. Amtliches Organ für sämtliche Bürgermeisterämter des Oberlahnkreises
  Wiesbadener Tageblatt
  Zeitbilder, Beilage zur Vossischen Zeitung.

Landesgeschichtliches Informationssystem Hessen (LAGIS)
https://www.lagis-hessen.de
  Personenstandsnebenregister:
  Eheurkunde Carl und Marie Henß geborene Baumann, Standesamt Windecken, Heiratsnebenregister 1898, HStA Marburg, Best. 913, Nr. 7555, Nr. 9, Blatt 9
  Eheurkunde Heinrich und Katharina Maria Euler geborene Heil, Standesamt Hanau, Heiratsnebenregister 1914, HStA Marburg, Best. 913, Nr. 1863, Nr. 232, Blatt 53
  Eheurkunde Karl und Lidda Hirschhäuser geborene Koppe, Standesamt Windecken, Heiratsnebenregister 1907–1924, HStA Marburg, Best. 913, Nr. 7564, Nr. 1/1917
  Eheurkunde Rudolf und Emma Oswald geborene Götz, Standesamt Darmstadt, Heiratsnebenregister 1921, HStA Marburg, Best. 901, Nr. 266, Nr. 624
  Eheurkunde Wilhelm und Margarethe Elisabeth Scheer geborene Petermann, Standesamt Darmstadt, Heiratsnebenregister 1904, HStA Marburg, Best. 901, Nr. 226, S. 262

Eheurkunde Wilhelm und Margareta Petermann geborene Emmerich, Standesamt Darmstadt, Heiratsnebenregister 1913, HStA Marburg, Best. 901, Nr. 254, Nr. 486

Geburtsurkunde Joseph Wolf, Standesamt Windecken, Geburtsnebenregister 1892, HStA Marburg, Best. 913, Nr. 7521, S. 22

Geburtsurkunde Margarethe Elisabeth Petermann (verheiratete Scheer), Standesamt Darmstadt, Geburtsnebenregister 1879, HStA Marburg, Best. 901, Nr. 118, Nr. 546

Geburtsurkunde von Rudolf Oswald, Standesamt Darmstadt, Geburtsnebenregister 1896, HStA Marburg, Best. 901, Nr. 162, Eintrag 959, S. 257.

Geburtsurkunde von Wilhelm Petermann, Standesamt Darmstadt, Geburtsnebenregister 1887, HStA Marburg, Best. 901, Nr. 134, Eintrag 400, S. 412

Sterbeurkunde von Margarethe Katharina Oswald (geborene Wedel), Standesamt Hanau, Sterbenebenregister 1911, HStA Marburg, Best. 913, Nr. 2020, Eintrag Nr. 345, S. 345.

Historisches Ortslexikon
„Bad Nauheim, Wetteraukreis"
https://www.lagis-hessen.de/de/subjects/idrec/sn/ol/id/12055 (Stand: 16.10.2018)
„Windecken, Main-Kinzig-Kreis"
https://www.lagis-hessen.de/de/subjects/idrec/sn/ol/id/12426 (Stand: 3.4.2019)

Historische Quellen zum Ersten Weltkrieg
Mobilmachungsanweisung für die Gemeindevorsteher 1904, https://www.lagis-hessen.de/de/purl/resolve/subject/qhg/id/100-1 (Stand: 17.9.2019)
Gesetz zur Ermächtigung des Bundesrates zu wirtschaftlichen Maßnahmen und über die Verlängerung der Fristen des Wechsel- und Scheckrechts im Falle kriegerischer Ereignisse vom 4. August 1914, in: Deutsches Reichsgesetzblatt (RGBL), 4. August 1914, Nr. 4436, S. 327f., https://commons-wikimedia-org.proxy.ub.uni-frankfurt.de/wiki/Category: Deutsches_Reichsgesetzblatt_1914.

3. Literatur

Alt, Katja, Kriegsalltag im Dorf. Die Pfarreichronik von Eichen und Erbstadt von Pfarrer Karl Wilhelm Castendyck 1914–1918, in: Pieh, Heinrich/Müller, Jürgen/Alt, Katja (Hrsg.), Hessische Landgemeinden im Ersten Weltkrieg 1914–1918. Begleitband zur Ausstellung vom 3. Oktober bis 16. November 2014 in Nidderau. Hanau 2014, S. 18–47.

Bab, Julius, Die Kriegslyrik von heute, in: Literarisches Echo. Halbmonatsschrift für Literaturfreunde 17, Heft 1, 1. Oktober 1914.

Becker, Annette, Paradoxien in der Situation der Kriegsgefangenen 1914–1918, in: Oltmer, Jochen (Hrsg.) Kriegsgefangene im Ersten Weltkrieg. Paderborn 2006, S. 24–34.

Buschmann, Nikolaus, Der verschwiegene Krieg. Kommunikation zwischen Front und Heimatfront, in: Hirschfeld, Gerhard/Krumeich, Gerd/Langewiesche, Dieter/Ullmann, Hans-Peter (Hrsg.), Kriegserfahrungen. Studien zur Sozial- und Mentalitätsgeschichte des Ersten Weltkriegs. (Schriften der Bibliothek für Zeitgeschichte, Neue Folge, Bd. 5.) Essen 1997, S. 208–224.

Chickering, Roger, The Great War and Urban Life in Germany. Freiburg 1914–1918. Cambridge 2007.

Creutz, Martin, Die Pressepolitik der kaiserlichen Regierung während des Ersten Weltkriegs. Die Exekutive, die Journalisten und der Teufelskreis der Berichterstattung. (Europäische Hochschulschriften, Reihe III, Bd. 704.) Frankfurt am Main 1996.

Daniel, Ute, Arbeiterfrauen in der Kriegsgesellschaft. Beruf, Familie und Politik im Ersten Weltkrieg. (Kritische Studien zur Geschichtswissenschaft, Bd. 84.) Göttingen 1989.

Daniel, Ute, Der Krieg der Frauen 1914–1918. Zur Innenansicht des Ersten Weltkriegs in Deutschland, in: Hirschfeld, Gerhard/Renz, Irina (Hrsg.) „Keiner fühlt sich hier mehr als Mensch…" Erlebnis und Wirkung des Ersten Weltkriegs. (Schriften der Bibliothek für Zeitgeschichte, Neue Folge, Bd. 1.) Essen 1993, S. 131–150.

Davis, Belinda J., Heimatfront. Ernährung, Politik und Frauenalltag im Ersten Weltkrieg, in: Hagemann, Karen/Schüler-Springorum, Stefanie (Hrsg.), Heimat – Front. Militär, Gewalt und Geschlechterverhältnisse im Zeitalter der Weltkriege. (Geschichte und Geschlechter, Bd. 35.) Frankfurt am Main 2002, S. 128–149.

Davis, Belinda J., Home Fires Burning. Food, Politics, and Everyday Life in World War I. Berlin/Chapel Hill 2000.

Dussel, Konrad, Pressebilder in der Weimarer Republik. Entgrenzung der Information. (Kommunikationsgeschichte, Bd. 29.) Berlin 2012.

Eichler, Dietz (Hrsg.), Das ehemalige Reformierte und Erste Pfarrhaus in Windecken. Ein Baudenkmal und Zeugnis der Kirchen- und Stadtgeschichte. Neustadt an der Airsch 2018.

Epkenhans, Michael, Der Erste Weltkrieg 1914–1918. Paderborn 2015.

Erichsen-Wendt, Friederike, „In derselben Gegend auf dem Felde". Windecker Weltkriegsweihnacht. Theologiegeschichtliche Beobachtungen zur lokalen Mentalitätsgeschichte im Ersten Weltkrieg, in: Pieh, Heinrich/Müller, Jürgen/Alt, Katja (Hrsg.), Hessische Landgemeinden im Ersten Weltkrieg 1914–1918. Begleitband zur Ausstellung vom 3. Oktober bis 16. November 2014 in Nidderau. Hanau 2014, S. 108–129.

Flemming, Jens/Saul, Klaus/Witt, Christian-Peter (Hrsg.), Lebenswelten im Ausnahmezustand. Die Deutschen, der Alltag und der Krieg 1914–1918. (Zivilisation und Geschichte, Bd. 16.) Frankfurt am Main 2011.

Flemming, Thomas/Ulrich, Bernd, Heimatfront. Zwischen Kriegsbegeisterung und Hungersnot – wie die Deutschen den Ersten Weltkrieg erlebten. München 2014.

Geinitz, Christian, Kriegsfurcht und Kampfbereitschaft. Das Augusterlebnis in Freiburg. Eine Studie zum Kriegsbeginn 1914. (Schriften der Bibliothek für Zeitgeschichte, Neue Folge, Bd. 7.) Essen 1998.

Graf, Andreas/Pellatz, Susanne, Familien- und Unterhaltungszeitschriften, in: Jäger, Georg (Hrsg.), Geschichte des deutschen Buchhandels im 19. und 20. Jahrhundert. Das Kaiserreich 1871–1918. T. 2. Frankfurt am Main 2003, S. 509–522, korrigiert und erweitert in: http://www.zeitschriften.ablit.de/graf/g1.pdf.

Hagemann, Karen, Heimat – Front. Militär, Gewalt und Geschlechterverhältnisse im Zeitalter der Weltkriege, in: Hagemann, Karen/Schüler-Springorum, Stefanie (Hrsg.), Heimat – Front. Militär, Gewalt und Geschlechterverhältnisse im Zeitalter der Weltkriege. (Geschichte und Geschlechter, Bd. 35.) Frankfurt am Main 2002, S. 13–52.

Hirschfeld, Gerhard/Krumeich, Gerd, Deutschland im Ersten Weltkrieg. Frankfurt am Main 2013.

Horne, John/Kramer, Alan, Deutsche Kriegsgreuel 1914. Die umstrittene Wahrheit. Hamburg 2004.
Jeismann, Michael, Propaganda, in: Hirschfeld, Gerhard/Krumeich, Gerd/Renz, Irina (Hrsg.), Enzyklopädie Erster Weltkrieg. 2. Aufl. Paderborn 2014, S. 201.
Kellerhoff, Sven Felix, Heimatfront. Der Untergang der heilen Welt. Deutschland im Ersten Weltkrieg. Köln 2014.
Kingreen, Monica, Jüdisches Landleben in Windecken, Ostheim und Heldenbergen. Hanau 1994.
Kingreen, Monica, Von geachteten Bürgern zu Verfolgten. Jüdische Windecker, Ostheimer und Heldenberger als Soldaten im Ersten Weltkrieg, in: Pieh, Heinrich/Müller, Jürgen/Alt, Katja (Hrsg.), Hessische Landgemeinden im Ersten Weltkrieg 1914–1918. Begleitband zur Ausstellung vom 3. Oktober bis 16. November 2014 in Nidderau. Hanau 2014, S. 82–107.
Koch, Elke, „Jeder tut was er kann fürs Vaterland". Frauen und Männer an der Heilbronner Heimatfront, in: Hirschfeld, Gerhard/Krumeich, Gerd/Langewiesche, Dieter/Ullmann, Hans-Peter (Hrsg.), Kriegserfahrungen. Studien zur Sozial- und Mentalitätsgeschichte des Ersten Weltkriegs. (Schriften der Bibliothek für Zeitgeschichte, Neue Folge, Bd. 5.) Essen 1997, S. 36–52.
Koller, Christian, Von Wilden aller Rassen niedergemetzelt. Die Diskussion um die Verwendung von Kolonialtruppen in Europa zwischen Rassismus, Kolonial- und Militärpolitik (1914–1930). Stuttgart 2001.
Kramer, Alan, „Greueltaten". Zum Problem der deutschen Kriegsverbrechen in Belgien und Frankreich 1914, in: Hirschfeld, Gerhard/Renz, Irina (Hrsg.) „Keiner fühlt sich hier mehr als Mensch…" Erlebnis und Wirkung des Ersten Weltkriegs. Essen 1993, S. 104–139.
Krüger, Friederike, Falkland, in: Hirschfeld, Gerhard/Krumeich, Gerd/Renz, Irina (Hrsg.), Enzyklopädie Erster Weltkrieg. 2. Aufl. Paderborn 2014, S. 469f.
Liulevicius, Vejas G., Der Osten als apokalyptischer Raum. Deutsche Fronterfahrungen im und nach dem Ersten Weltkrieg, in: Thum, Gregor (Hrsg.), Traumland Osten. Deutsche Bilder vom östlichen Europa im 20. Jahrhundert. Göttingen 2006, S. 47–66.
Menig, Georg, Der Große Krieg im kleinen Raum. Krieg und Kriegserfahrung im ländlichen Unterfranken am Beispiel des Ortes Gaukönigshofen 1914–1918/1919. (Mainfränkische Hefte, Nr. 116.) Baunach 2018.
Müller, Jürgen, „Im verlassenen Grab im Mauerwinkel". Ausländische Kriegsgefangene in den Landgemeinden der Region Main-Kinzig, in: Pieh, Heinrich/Müller, Jürgen/Alt, Katja (Hrsg.), Hessische Landgemeinden im Ersten Weltkrieg 1914–1918. Begleitband zur Ausstellung vom 3. Oktober bis 16. November 2014 in Nidderau. Hanau 2014, S. 152–163.
Nieß, Ulrich/Rings, Hanspeter, Der Krieg kommt in die Heimat, in: Krauß, Martin/Rummel, Walter (Hrsg.), „Heimatfront" – Der Erste Weltkrieg und seine Folgen im Rhein-Neckar-Raum (1914–1924). Ubstadt-Weiher 2014, S. 106–134.
Nübel, Christoph, Die Mobilisierung der Kriegsgesellschaft. Propaganda und Alltag im Ersten Weltkrieg in Münster. (Münsteraner Schriften zur Volkskunde/Europäischen Ethnologie, Bd. 14.) Münster 2008.
Oltmer, Jochen, Unentbehrliche Arbeitskräfte. Kriegsgefangene in Deutschland 1914–1918, in: ders. (Hrsg.) Kriegsgefangene im Europa des Ersten Weltkriegs. (Krieg in der Geschichte, Bd. 24.) Paderborn 2006, S. 67–96.

Pflugk-Harttung, Julius von, Die Weltgeschichte ist das Weltgericht. Ereignisse und Stimmungsbilder 1914. Der westliche Kriegsschauplatz. Berlin 1915.

Püschel, Ulrich, Präsentationsformen, Texttypen und kommunikative Leistungen der Sprache in Zeitungen und Zeitschriften, in: Leonhard, Joachim-Felix/Ludwig, Hans-Werner/Schwarzer, Dietrich/Straßner, Erich (Hrsg.), Medienwissenschaft. Ein Handbuch zur Entwicklung der Medien und Kommunikationsformen. 1. Teilband. Berlin 1999, S. 864–881.

Regulski, Christoph, Klippfisch und Steckrüben. Die Lebensmittelversorgung der Einwohner Frankfurts am Main im Ersten Weltkrieg 1914–1918. Eine Studie zur deutschen Wirtschafts- und Innenpolitik in Kriegszeiten. (Studien zur Frankfurter Geschichte, Bd. 60.) Frankfurt 2012.

Roerkohl, Anne, Hungerblockade und Heimatfront. Die kommunale Lebensmittelversorgung in Westfalen während des Ersten Weltkrieges. (Studien zur Geschichte des Alltags, Bd. 10.) Stuttgart 1991.

Roerkohl, Anne, Die Lebensmittelversorgung während des Ersten Weltkriegs im Spannungsfeld kommunaler und staatlicher Maßnahmen, in: Teuteberg, Hans Jürgen (Hrsg.), Durchbruch zum modernen Massenkonsum. Lebensmittelmärkte und Lebensmittelqualität im Städtewachstum des Industriezeitalters. (Studien zur Geschichte des Alltags, Bd. 8.) Münster 1987, S. 309–370.

Rother, Rainer (Hrsg.), Die letzten Tage der Menschheit. Bilder des Ersten Weltkrieges. Katalog zur gleichnamigen Ausstellung im Deutschen Historischen Museum. Berlin 1994.

Rudolph, Harriet, Kultureller Wandel und Krieg. Die Reaktion der Werbesprache auf die Erfahrung des Ersten Weltkriegs am Beispiel von Zeitungsanzeigen, in: Hirschfeld, Gerhard/Krumeich, Gerd/Langewiesche, Dieter/Ullmann, Hans-Peter (Hrsg.), Kriegserfahrungen. Studien zur Sozial- und Mentalitätsgeschichte des Ersten Weltkriegs. (Schriften der Bibliothek für Zeitgeschichte, Neue Folge, Bd. 5.) Essen 1997, S. 283–302.

Rutner, Sabrina, „Die deutsche Frau trägt ein deutsches Korsett!" Werbeanzeigen im Hanauer Anzeiger während des Ersten Weltkriegs. (Erster Weltkrieg im Fokus, Bd. 3.) Berlin 2018.

Schönberger, Bianca, Mütterliche Heldinnen und abenteuerlustige Mädchen. Rotkreuz-Schwestern und Etappenhelferinnen im Ersten Weltkrieg, in: Hagemann, Karen/Schüler-Springorum, Stefanie (Hrsg.), Heimat – Front. Militär, Gewalt und Geschlechterverhältnisse im Zeitalter der Weltkriege. (Geschichte und Geschlechter, Bd. 35.) Frankfurt am Main 2002, S. 108–127.

Standt, Volker, Köln im Ersten Weltkrieg. Veränderungen in der Stadt und des Lebens der Bürger 1914–1918. Köln 2014.

Stöcker, Michael, Augusterlebnis 1914 in Darmstadt. Legende und Wirklichkeit. Darmstadt 1994.

Storz, Dieter, Spee, Maximilian Reichsgraf von, in: Hirschfeld, Gerhard/Krumeich, Gerd/Renz, Irina (Hrsg.), Enzyklopädie Erster Weltkrieg. 2. Aufl. Paderborn 2014, S. 861.

Strahl, Antje, Das Großherzogtum Mecklenburg-Schwerin im Ersten Weltkrieg. Von der Friedens- zur Kriegswirtschaft. (Quellen und Studien aus den Landesarchiven Mecklenburg-Vorpommerns, Bd. 18.) Köln 2015.

Stüber, Gabriele/Kuhn, Andreas, Alltagsleben, in: Krauß, Martin/Rummel, Walter (Hrsg.), „Heimatfront" – Der Erste Weltkrieg und seine Folgen im Rhein-Neckar-Raum (1914–1924). Ubstadt-Weiher 2014, S. 134–167.

Tacke, Charlotte, Denkmal im sozialen Raum. Nationale Symbole in Deutschland und Frankreich im 19. Jahrhundert. Göttingen 1995.

Tauber, Peter, Vom Schützengraben auf den grünen Rasen. Der Erste Weltkrieg und die Entwicklung des Sports in Deutschland. (Studien zur Geschichte des Sports, Bd. 3.) Berlin 2008.

Thies, Kristina, Das Augusterlebnis in Münster im Spiegel der Kriegschronik Eduard Schultes, in: Arand, Tobias (Hrsg.), Die „Urkatastrophe" als Erinnerung. Geschichtskultur des Ersten Weltkriegs. Münster 2006, S. 99–131.

Ullrich, Volker, Kriegsalltag. Hamburg im Ersten Weltkrieg. Köln 1982.

Verhey, Jeffrey, „Der Geist von 1914" und die Erfindung der Volksgemeinschaft. Hamburg 2000.

Ziemann, Benjamin, Front und Heimat. Ländliche Kriegserfahrungen im südlichen Bayern 1914–1923. (Veröffentlichungen des Instituts zur Erforschung der europäischen Arbeiterbewegung, Schriftenreihe A: Darstellungen, Bd. 8.) Essen 1997.